시간을 버는 대출 기술

런업

Run Up

시간을 버는 대출 기술

런업

남상수 지음

다온북스
DAON BOOKS

일러두기

1. 영어 및 역주, 기타 병기는 본문 안에 작은 글씨와 각주로 처리했습니다.
2. 외래어 표기는 국립국어원의 규정을 따랐습니다. 단 일부 굳어진 단어는 일반적으로 사용하는 발음으로 표기했습니다.
3. 숫자의 표기는 가독성을 위해 아라비아 숫자와 한글을 혼용했습니다.
4. 저자의 객관적인 레버리지 정보 전달은 참고해 주기를 바라며, 올바른 레버리지 활용을 위한 선택과 판단은 독자 여러분에게 있음을 알려드립니다.

대출중개업 종사자가 책을 썼다고 하면 이렇게 생각할 수 있습니다. "결론은 '우리 대출을 쓰세요!' 이거 아니야?" 하지만 달리 생각해 보면 종사자이므로 광고 목적이 아닌 대출에 관해 더 솔직하게 전달할 수 있습니다. 이 책은 대출 권유를 위한 책이 아닙니다. 대출을 잘 받아야 망하지 않는다고 겁을 주기 위함도 아닙니다. 자본주의에 끌려다니지 말고 끌고 가기 위한 수단으로 이용하길 바라는 마음으로 집필했습니다.

저에게 있어 지난 2021년 6월 16일 수요일 새벽 3시 41분은 쉽게 지울 수 없는 시간입니다. 아버지께서 코로나 백신을 맞고 4일 만에 뇌출혈로 응급실에 실려 가셨습니다. 그리고 6개월 후 아버지와 작별 인사를 나누었습니다.

그 후 아내가 "결혼 전에는 가족들과 외식할 때 뭐를 주로 먹었어?"라고 물었습니다. 답변하는데 씁쓸한 기분이 들었습니다. 외식에 대한 특별한 기억이 나지 않았기 때문입니다. 아버지께서는 매일 아침 일찍 일어나셔서 출근 전에 항상 아침밥을 드셨습니다. 아침밥을 든든히 먹어야 일할 수 있다며 가족들에게 꼭 끼니를 챙기라고 말씀하셨죠. 게다가 아버지께서는 주말에도 일하시는 경우가 많았습니다. 평일, 주말할 것 없이 맞벌이로 성실하게 일만 하신 부모님의 재산은 얼마나 남았을 거라고 생각되시나요? 인천에 대출 낀 단독주택 한 채입니다.

대출 낀 재산이 남았다고 해서 부모님을 탓하는 게 단연코 아닙니다. 부모님께 진심으로 감사드리는 마음입니다. 제가 어떠한 일이든 긍정적으로 헤쳐 나갈 수 있는 것은 부모님 영향이 큽니다. 또한 부족함 없는 사랑 속에서 자랐습니다. 그래서 평소 부자가 되려면 영혼을 갈아 넣어야 한다고 생각했고, 그렇지 않으면 스스로 떳떳하지 못함을 느꼈습니다. 그래서 더욱더 열심히만 살면 된다는 생각으로 행동했습니다.

책 『돈의 속성』(스노우폭스북스, 2020) 저자인 김승호 회장님의 사장학 개론 강의를 수강한 적이 있습니다. 그때 뼛속 깊이깊이 새기고 싶은 내용이 있습니다.

"사업을 하면서 노동에 많은 시간을 투자하다 보면 노동을 하느라 돈을 모을 기회, 쓸 기회, 다스릴 기회도 안 생긴다. 열심히 일한다고 부자가 되는 게 결코 아니다. 부지런하되 동시에 현명해야 한다."

이것이 무조건 열심히만 하면 된다고 생각했던 것을 각성하게 된 계기였죠.

자본주의에 살고 있는 우리는 현재 무엇을 할 수 있을까요? 대출(레버리지) 활용은 성공을 보장해 주진 않습니다. 하지만 유용하게 쓴다면 경제적 자유(목적지)에 빠르게 도달할 수 있는 수단으로 활용할 수 있습니다. 종잣돈이 적다고 꿈(목표)까지 작을 이유는 어디에도 없습니다.

무서운 대출

한 일례로 친한 지인의 이야기를 해보려 합니다. 연예인 기획사가 합병된다는 소문에 부푼 꿈으로 신용대출을 받아 8,000만 원의 주식을 샀습니다. 당시 무직인데 금리도 높았죠. 그러나 부푼 희망과 달리 매수한 주식은 곧 곤두박질쳤고, 기분은 주식과 함께 하강 곡선을 탔습니다. 지인은 배우자에게 말도 못 하고 우울한 날들을 보내다가 결국 극심한 스트레스로 주식을 매도하고 빚을 졌습니다.

그런 지인을 보며 어머니께서 입에 달고 사신 말씀이 떠올랐습니다. "빚 갚는 건 지긋지긋하다." 부모님은 쉬지 않고 일을 해서 빨리 빚을 갚고 싶어 하셨죠. 제가 초등학교 저학년일 때 대출을 받아 주택을 매수한 빚은 30년이 훨씬 지난 지금도 남아 있습니다.

이런 이야기는 우리 주변에 쉽게 찾아볼 수 있습니다. 그렇기에 더욱 대출이 무섭게 느껴지시나요? 하지만 우리는 현재를 살아가면서 의사와 관계없이 대출을 받게 됩니다. 저는 과거 직장에 다닐 때 비상용 마이너스 통장(마통) 1,000만 원이 부채 전부였습니다. 결혼 전이었고, 투자에도 관심이 없어 대출받을 이유가 없었습니다. 하지만 사업을 결심하면서 퇴사 후 대출을 받았습니다. 당시에는 사업으로 성공할 수 있다는 착각에 깊이 빠져 있었습니다. 스스로 잘될 거라는 생각에 사업과 수익에 더 집중했어야 하는데 그러지도 못했습니다.

무언가 하나가 틀어지면 고객 잘못, 시장 잘못, 파트너 잘못 등을 내세우며 현실을 외면하기 바빴습니다. 처음 해보는 사업이기에 부족한 게 많았고, 또 그러한 경험들 덕분에 배운 것도 많았습니다. 결국 저는 그 사업을 보기 좋게 말아먹고 신용불량자가 됐습니다. 당연한 결과였습니다. 수입을 고려하지 않은 채 대출을 받았고 그 대출이자를 갚기 위해 다른 대출을 받는 악순환의 연속이었기 때문입니다.

혹시 빚 독촉 전화를 받아본 경험이 있나요? 그 전화를 받으면 없는 쥐구멍을 찾아서라도 숨고 싶은 마음입니다. 부끄러운 이야기지만, 당시 집에 독촉장 우편물과 사람들이 찾아오면 부모님은 크게 상심하셨습니다. 그 빚을 상환하느라 3년이란 시간이 소요됐고 신용점수 회복에도 상당한 시간이 걸렸습니다. 물론 그 과정에서 부모님의 도움도 일부 받았습니다. 그래서 현금의 빚보다 마음의 빚이 더욱 크고 무겁게 남아 있습니다.

대출을 상환하는 동안 머릿속에는 "대출은 나쁘다"라는 생각만 가득했습니다. 심지어는 상환할 여력이 없는 내게 왜 이리 대출을 많이 해준 거냐는 생각이 들기도 했습니다. 대출받을 때는 감사하게 받았지만요. 이율배반적이었죠. 원인을 안에서 찾아야 하는데 밖에서 찾으려고 하다 보니 남 탓을 하는 모습도 발견하게 됐습니다. 그때까지 대출에 대한 이미지는 나쁜 것, 사람을 힘들게 하는 것으로 인식했습니다.

그러면서 몇 년 뒤 결혼하여 전세보증금 5,500만 원이 필요해 전세자금 3,000만 원을 또 대출을 받았습니다. 2년 뒤에 전세금이 올라서 고민했습니다. "추가 전세자금 대출을 받아야 할까, 주택 매수를 위해 주택담보대출을 받아야 할까?" 아마 많은 분이 전세 만기가 다가오고 높은 집값에 같은 고민을 했을 것입니다. 저는 고민 끝에 결국 1억 2,200만 원의 주택을 매수하기로 결심하고 주택담보대출을 받았습니다.

그리고 시간이 흘러 또 한 번 사업을 하겠다며 사업 자금, 경락잔금 등 다양한 대출을 활용했습니다. 그러다 보니 자산 증식 속도가 빨라지는 걸 경험하며 과거에 대출 활용을 잘못된 방향으로 했다는 것을 느끼게 되었습니다. 그와 동시에 아이러니하게도 대출에 대한 이미지도 좋아졌습니다.

여기서 잠시만요!

"실제 대출은 좋은 걸까요, 나쁜 걸까요?"

이 질문에 확답하실 수 있으신가요? 그렇다면 칼은 유용한 도구인가요, 위험한 도구인가요? 같은 질문이라고 생각해요. '결과적으로 손해를 보면 위험하고, 이익을 보면 유용하다. 본인이 감당할 정도만 받으면 유용하고, 무리하게 받으면 위험하다. 소비를 위한 대출은 위험하다. 본인 소득의 50% 한도 내에서 레버리지 활용은 유용하다' 등 다양한 의견이 있을 수 있습니다. 우리는 조금 더 사고를 확장할 필요가 있습니다. 그렇다면 과연 어떻게 레버리지를 활용하면 좋을지 다양한 활용 사례를 통해 그 방법에 대해서 같이 살펴 나가보려고 합니다.

그리고 꼭 유념해야 하는 것이 있습니다. 레버리지(대출)를 활용한다고 부자가 되는 것은 절대 아닙니다. 하지만 방향성이 맞는다면 자산을 취득하는 데 시간을 단축해 주는 건 부인할 수 없는 사실입니다. "서울로 가는 길이 어느 방향인가요?"라고 물었을 때 여러분은 어떻게 대답하실 건가요? 저라면 "서울로 가는 방향은 여러 곳이 있습니다!" 하고 답할 것 같습니다. 실제로 서울로 가는 길은 한 방향이 아니기 때문이죠. 현재 본인이 어디에 위치하였는지에 따라 방향이 달라질 수 있습니다.

모든 이에게 통용되는 길은 없다고 생각합니다. 누구도 그럴 능력은 없고요. 빚지면 집안 망한다, 위험 부담이 있으면 어떤 일도 절대 해서는 안 된다고 생각하신다면 이 책을 조용히 덮으셔도 좋습니다. 그분들의 의견도 존중합니다. 다만 방향성이 결정됐고, 충분히 공부해서 사업을 추진 중인데 속도를 조금 더 높이기 위해 레버리지를 활용하고 싶은 분들에게 도움이 될 수 있다고 믿습니다.

목차

2부 스트레칭 ② [거짓말]

대출은 무조건 위험하다는 새빨간 거짓말

3부 저속 달리기

누구나 빨리 걷기(저속 달리기)는 한다.
그렇다면 어떻게 활용해야 할까?

4부 고속 달리기

목적지로 가는 속도를 높이는 방법

5부 착지

항상 문제는 있다. 중요한 건 무엇에 집중할지의 선택이다.

1부

준비운동

예금자로 남을 것인가,
대출자가 될 것인가

대출 꼭 갚아야 해?
(예금자 vs. 대출자)

여러분은 예금자와 대출자 중 어떤 포지션을 선택하시겠어요? 예금자는 예금이자를 받는 반면, 대출자는 대출이자를 내야 합니다. 예금자는 이자를 받아 안정적이고, 대출자는 이자를 내야 하지만 그 대출금을 활용해서 사업 확장, 자산 증식을 할 수 있습니다. 예금을 하지 말고 대출을 하라는 뜻이 아닙니다. "대출은 위험하니 절대 사용하지 말라"라고 하는 것은 마치 "교통사고로 많은 사람이 죽고 있으니 차를 모두 없애야 한다"라는 것과 비슷합니다. 다시 말하자면, 이자를 내서라도 활용할 가치가 있다면 적극적으로 활용하라는 뜻입니다. 본질 가치만 잘 활용하면 됩니다.

한 일화를 예로 들어볼까요? 전 세계 모두가 아는 '맥도날드'는 많은 부동산을 보유한 세계적인 기업 중 한 곳입니다. 맥도날드 창업자인 레이 크록(Ray Kroc)은 1974년 텍사스 대학 강연에서 학생들에게 자신이 무슨 사업을 하느냐고 물었습니다. 이때 학생들은 하나같이 입을 모아

'햄버거 사업'이라고 답했습니다. 레이 크록은 그 대답에 이렇게 말했습니다.

"틀렸다. 난 햄버거 장사가 아니라 부동산 사업을 한다."

그는 왜 그렇게 대답했을까요? 현재 우리가 편리하게 이용하는 프랜차이즈 점포들의 위치를 잘 생각해 보면 됩니다. 맥도날드는 다른 업체들과 달리 회사가 직접 부동산 상권을 분석하고 소유하여, 점주에게 내어주는 방식으로 비용을 많이 절감합니다. 그러니 사업은 더욱 빠르게 확장되고, 원하는 상권 위치를 포획하여 자산 증식까지 이룰 수 있었던 거죠. 즉 맥도날드는 표면적으로 보면 글로벌 외식 프랜차이즈이지만, 실질 소득은 부동산 임대업입니다. 이렇듯 대출도 활용할 가치가 있는 곳에 적절히 활용해야 합니다.

대출을 받고 나서 꼭 빠른 시일에 갚아야 할까요? 그 답은 '어떤 목적의 대출이냐'에 따라 다릅니다. 소비를 위한 대출을 사용했다면 빠른 시일 내에 상환하는 게 좋습니다. 나에게 돈을 벌어다 주는 대출이 아니라면 빨리 갚아야죠.

그렇다면 돈이 나가는 대출과 돈을 벌어다 주는 대출의 차이는 무엇일까요? 예를 들어 차량 할부는 사업상 많은 파트너를 만나고 이미지가 중요한 경우가 아니라면, 돈을 벌어다 주는 대출이 아닌 '돈이 나가는 대출'입니다. 대출을 쓰는 건 경제적 자유를 위해 재테크에 관심 있는 사람일 확률이 높습니다. 손실이 전혀 없고, 100퍼센트 안전하고 수익이 큰 상품은 세상에는 없습니다. 있다고 하면 그건 사기겠죠.

이 두 가지 물음의 핵심은 대출의 리스크는 피하는 게 아니라 관리하는 것이며 무엇을 할 건지입니다. 빠른 상환을 요하는 '돈이 나가는 대출'과 달리 '돈을 벌어다 주는 대출'을 활용하면 장기간 상환 시 유리한 점도 있습니다.

1. 상환기간이 길어질수록 인플레이션으로 화폐가치 하락분을 보장해 준다.

인플레이션 2퍼센트 가정 시 1,000만 원 저축한 경우 20년 후 화폐가치는 680만 원으로 하락

인플레이션 3퍼센트 가정 시 1,000만 원 저축한 경우 30년 후 화폐가치 420만 원으로 하락

(한국은행 23. 1월 13일 보도자료 근원 인플레이션율(식료품 및 에너지 제외 지수)은 4퍼센트대 초반 단기 기대인플레이션율은 3퍼센트대 후반으로 발표했습니다.)

사실 '인플레이션', '화폐가치 하락'이란 단어가 큰 감응을 주지는 않습니다. 당장 일어날 일들이 아니라고 생각되기 때문이겠죠. 보도 섀퍼의 『머니 파워』*의 '50 대 50 원칙'에는 다음과 같은 내용이 있습니다. "매달 수입의 최대 50퍼센트까지만 빚을 갚는 데 사용하고, 나머지 50퍼

---

* 매일경제신문사 출판, 2022.09.30.

센트는 저축을 하라. 또한 대출을 할 때는 가능한 최소한의 금액을 변제하기로 약정하는 게 좋다." 이 의견에 첨언하면 본인 상황에 맞게 60 대 40, 40 대 60, 30 대 70, 70 대 30으로 이용해 보고 수정해 보는 것입니다.

> (※주의)
> 경제적 관점에서 인플레이션으로 인한 대출 상환기간이 길어지는 것이 반드시 유리한 것은 아닙니다. 실질적으로는 대출에 대해 더 많은 금액을 지불하게 될 수 있습니다. 궁극적으로 대출 상환에 관한 결정을 내릴 때 개인 재정 상황과 목표를 고려하는 것이 중요합니다. 특별한 계획 없이 상환기간을 길게 하고 남는 돈으로 소비를 위한 지출을 한다면 최악의 상황이겠죠?

2. 상환 계획을 길게 잡으면 월 납부금에 대한 심적 부담이 줄어든다.

월 납부금을 내는 것 가지고 마음에 부담이 줄어드는 게 뭐가 대수라고 생각할 수 있습니다. 고수, 하수의 차이는 마음 자세가 시작이고 끝입니다. 마음의 여유가 있어야 좋은 투자처를 살펴보는 기회도 생깁니다. 좋은 투자처를 계속 찾는 습관은 성공하는 길에 지름길이라고 생각됩니다. '무조건 빨리 안 갚아도 된다'가 아닙니다.

나에게 돈을 벌어다 주는 대출이면 충분히 활용해야 합니다. 아니 적극적으로 활용해야 합니다. 그것은 마음의 여유가 있어야 기회를 볼 수 있습니다. 적당한 레버리지 활용은 우리에게 더 좋은 사업, 투자의 발판 역할을 해줄 것입니다. 대출이 무조건 답이라고 생각하지는 않습니다. 세상에는 다양한 방법이 있기 때문이죠. 그러나 실패하는 게 두려워 아무것도 하지 않는 것은 결과적으로 더 큰 실패가 될 수도 있습니다.

최종 병기 레버리지

"레버리지 효과란 차입금 등 타인 자본을 지렛대로 삼아 자기 자본이 익률을 높이는 것으로 '지렛대 효과'라고도 한다. 가령 100억 원의 투하 자본으로 10억 원의 순익을 올리게 되면 자기 자본 이익률은 10%가 된 다. 반면 자기 자본 50억 원에 타인 자본 50억 원을 더해 10억 원의 수익 을 낸다면 자기 자본 이익률은 20%가 된다. 타인 자본 금리 비용보다 높 은 수익률이 기대될 때는 타인 자본을 적극적으로 활용해 투자하는 것 이 유리하다." (네이버지식백과 금융사전 참조)

자기 자본

100억

수익금

10억

자기 자본 이익률

10%

여기까지는 이론적인 내용입니다.

대출(레버리지) 활용은 자산 증식의 속도를 높여주지만 방향성을 잘못 사용하면 손실이 클 수 있으므로, 사업 초기, 주식·투자 경험이 충분하지 않다면 충분한 연습과 경험, 공부를 통해 숙지하고 사용해야 합니다. 만약 준비가 되지 않았다면 사용하지 않는 게 좋습니다.

보수적 투자를 선호한다면 레버리지를 최종 병기로 사용하는 방법도 있습니다. 평상시에는 사용하지 않다가 사회적 이슈로 인해 자산의 가치가 일시적으로 크게 하락한 경우에만 레버리지를 사용합니다. 그리고 자산 가치가 정상적으로 회복되면 레버리지를 상환하는 것도 하나의 방법입니다. 대출에 대한 부정적인 이미지가 많다면 이렇게도 사용할 수 있습니다. 레버리지(대출)와 부채에 대한 인식은 매우 중요합니다. 이에 대한 몇 가지 사례를 볼까요?

EBS 다큐프라임 〈자본주의〉 EBS, 2012 中

"우리는 은행을 정직한 기업이라고 생각하는 경향이 있습니다."
"하지만 은행은 수익을 내야 하는 기업일 뿐이다."
"A가 맡긴 예금을 아주 일부만 남겨두고 B에게 대출해 주어서 수익을
내는 구조입니다."

은행은 [예금이자-대출이자]의 차액으로 운영이 되는 기업입니다.
즉 남의 자본으로 수익을 창출하는 구조죠. 예대금리차로 은행들은 최
고 수익을 갱신해 가는 중입니다. 은행이 타인 자본을 잘 활용하듯이 우
리도 레버리지를 당하는 게 아니라 활용할 필요가 있습니다.

'레버리지를 활용하면 속도를 높일 수 있다.'

이미지 출처: iStock

엠제이 드마코의 『부의 추월차선』

"부자로 향하는 길은 인도, 서행 차선, 추월차선으로 분류되고 부채, 시간, 돈에 관한 인식이 모두 다르다."

"가난을 만드는 지도 : 인도(人道) 中
- 부채에 대한 인식: 신용거래는 참 좋은 제도야! 신용카드, 부채 정리, 자동차 할부금 같은 제도 덕분에 나는 월급이 적어도 현재를 즐길 수 있지! 사고 싶은 게 있으면 나는 지금 당장 사 버릴 거야.
- 시간에 대한 인식: 시간은 충분해. 나는 내일이 오지 않을 것처럼 돈을 쓸 거야. 젠장, 앞으로 며칠 안에 갑자기 죽을지도 모르는데, 돈은 모아서 뭐 하겠어!" 엠제이 드마코, 『부의 추월차선』, 토트, 2022, p.57

"평범한 삶을 만드는 지도 : 서행차선 中
- 부채에 대한 인식: 빚은 악마야. 평생 초과근무를 하게 되더라도 반드시 쫓아 버려야 하는 존재지.
- 시간에 대한 인식: 시간은 충분해. 나는 기꺼이 내 시간을 돈과 바꿀 거야. 더 많이 일할수록 더 빨리 빚도 갚고 65세에 은퇴할 돈을 모을 수 있겠지." 엠제이 드마코, 『부의 추월차선』, 토트, 2022, p.91

"부자를 만드는 지 : 추월차선 中
- 부채에 대한 인식: 빚으로 나만의 시스템을 설계하고 키울 수 있다면 빚은 유용해
- 시간에 대한 인식: 시간은 돈보다 훨씬 더 중요한 자산이야." 엠제이 드마코, 『부의 추월차선』, 토트, 2022, p.141

당연한 얘기지만 소비하느라 부채가 늘어나고 있다면 옳지 않은 방향으로 가고 있을 확률이 높습니다. '인도'에서 각성하게 되면 '서행차선'으로 향해 가는 경우가 많습니다. 나만의 사업적 시스템을 만들기 위해 투자를 공부하고 좋은 물건을 찾았을 때 부채를 매우 적극적으로 활용하면 속도를 높일 수 있습니다.

시간 vs. 이자

　　모두 잘 알고 있듯이 대출은 선택입니다. 모두가 동일한 가치관과 목표로 향하는 길이 아닙니다. 선택에 있어서 좋고 나쁘고는 없습니다. 본인이 어떻게 활용할지만 집중하면 됩니다. 100억 원 부동산을 매입한다고 가정해 볼까요? 취득세, 중개보수료, 임대차 계약에 따라 투입 금액이 변동되지만 그 부분은 생략하고 살펴보겠습니다.

대출은? 선택의 문제!
매매가 100억 매수 시

본인 자금 30억 + 대출 70억	vs.	본인 자금 100억
돈 (대출이자)	vs.	시간 (돈 모을 시간)

여기서 해당 부동산을 취득하는 두 가지 방법이 있습니다. 첫 번째는 대출에 거부감이 있어 전액 본인 자금으로 부동산을 매매하는 방법입니다. 이 방법은 위험성도 낮고 투자에 실패한다고 해도 본인 자금만 손해보는 것이니 큰 부담이 없습니다. 이때 본인 자금을 모으는 시간(돈 모으는 시간)이 필요합니다.

두 번째는 본인 자금과 타인 자본(대출 가능한 금액)을 합해 부동산을 매매하는 방법입니다. 이 방법은 은행에서 일부 대출을 받기 때문에 이자 납부에 대한 부담도 있습니다. 게다가 투자에 실패하면 위험 부담이 높아질 것입니다. 이 경우 시간 대신 돈(대출이자)이 필요합니다.

시간(돈 모을 시간)과 돈(대출이자) 중 어떤 것을 사용하는 게 유용하다고 생각하시나요? 대화를 해보면 누구나가 부러워할 부동산을 사려고 할 때 대출을 받겠다는 경우가 많습니다. 돈이 나오는 다른 방법에 대해 잘 모르기도 하고 왠지 위험 부담이 높다고 생각합니다. 또 주택을 매수하기 위해서 대출을 받을 때도 주변에서 잘 샀다고 하면 괜찮지만, 그 물건을 왜 샀냐는 부정적인 의견을 들으면 대출을 조금 받았다고 해도 두려워지는 게 사실입니다.

제 친구 중에 넉넉지 않은 형편에 부자가 되고 싶다는 꿈이 있지만, 무엇을 해야 할지 고민하던 친구가 있었습니다. 고민 당시 부동산 분위기가 좋지는 않았고, 대출받아 투자하는 건 위험한 행동이라는 암묵적인 분위기였습니다. 그래서 그 친구는 자금 여유가 생기고 분위기가 반전

될 때 천천히 투자하기 위해 투자 관련 공부를 시작했습니다.

부동산 시장에서 최저점과 최고점을 맞추는 건 사실상 신의 영역입니다. 관심을 두고 지켜보면 해당 물건을 매수했을 때 큰 이익은 없더라도 손해는 아니겠다는 판단이 들 때가 있습니다. 그 친구에게도 그런 시점이 왔다고 해요. 매매와 전셋값 차이가 크지 않았고 중개비와 취득세를 모두 포함해서 3,000만 원이 필요했습니다.

하지만 통장 잔고는 350만 원뿐이라 그때부터 친구는 고민했습니다. 대출을 받아서 투자할 것인지, 아니면 돈을 모아서 투자할 것인지 말이죠. 친구의 선택은 3,000만 원 돈을 모으는 것이었습니다(참고로 대출 3,000만 원, 금리 5%로 가정 시 2년 총이자 비용은 300만 원입니다). 2년 뒤에 어떤 변화가 있었을까요? 여러분이라면 3,000만 원을 모으는 시간을 투입하시겠습니까? 아니면 대출이자에 투입하시겠습니까?

친구의 사례를 통해 전달하고 싶은 메시지는 바로 투자나 사업을 만들어 가는데 "방향성이 맞게 가고 있는지?"입니다. 돈(대출이자), 시간(돈 모으는 시간)에 앞서 더 중요합니다. 방향성을 제대로 잡았다면 걱정하지 마세요. 레버리지 사용은 목적지까지 가는 속도를 높여 줄 것입니다.

런 업!
스피드 업!

한 끗 차이

"운명은 그 사건을 어떻게 해석하는가에 달렸다."

토니 로빈스, 『네 안에 잠든 거인을 깨워라』, 씨앗을뿌리는사람, 2008

현재도 그렇지만 과거에도 많은 부동산 대출 규제가 나왔습니다. 규제하고 완화하며 균형을 맞춰가는 것은 지당한 일이겠죠. 하지만 이게 내 대출에 영향을 미친다면 대출자들의 생각은 그만큼 다양해질 것입니다. 여러분은 과거 부동산 대출 규제가 나왔을 때 무슨 생각을 하셨나요? 먼저 과거 대출 규제를 간략히 살펴보겠습니다.

① 2017년 6월 19일(6.19 부동산 대책)

투기거래를 막기 위해 규제 지역(조정 대상 지역)에 포함이 되면 LTV 70% 〉 60%, DTI 60% 〉 50% 대출 가능 금액이 축소. 규제 지역을 확대해 전매제한 기간, 대출 규제, 재건축 규제 강화.

② 2017년 8월 2일(8.2 대책)

6.19 부동산 대책에 이어 더 강력한 대출 규제. 일명 주담대(주택담보대출) 1건 미보유 세대는 LTV 40%, 주택담보대출을 1건 이상 보유 세대는 LTV 30% 축소.

③ 2018년 9월 13일(9.13 대책)

투기 차단 및 실수요자 보호를 위해 더 강화된 규제. 2주택 보유 세대 규제 지역 LTV 0 (금지), 투기과열지구 임대사업자 LTV 40%, 고가주택 (공시가격 9억 원 초과) 실거주 목적만 가능, 2주택 이상 전세자금 연장 제한, 생활안정자금 (전세 퇴거 자금 포함) 대출 취급 시 주택 추가 매수 안 한다는 약정 체결.

④ 2019년 10월 1일(10.1 대책)

사업자에 대한 대출 규제 강화. 투기과열지구 내 개인 임대-매매사업자, 법인 임대-매매사업자 LTV 40% 도입.

⑤ 2019년 12월 16일(12.16 대책)

임대사업자 RTI 강화, 주택 임대-매매사업자 이외 업종 영위 사업자 주택 구입 목적 투기과열지구 내 취급 금지. 모든 차주 15억 초고가 아파트 주택 구입용 주택담보대출 금지.

이처럼 사람들은 대부분 대출 규제가 나왔을 때 대출 한도가 줄었다는 내용에 집중하게 되어 다른 방법을 찾으려 하지 않습니다. 규제가 있어서 대출을 이용할 수 없다고 생각할 수도 있고, 방법을 있다고 생각할 수 있습니다. 방법을 못 찾는 경우는 주변 지인, 은행 직원과 상담을 해도 불가하다고 답변을 받았기 때문에 포기하는 경우입니다. 반대로 방법을 찾은 경우는 우회 경로를 알거나 많은 곳에 의뢰하며 상담하고 연구합니다. 2017~2019년도에 부동산에 관심이 있는 분들은 규제 지역(투기 과열, 조정 대상 지역)에 주택을 매수하고 싶었으나, 방법을 모르거나 남들이 안 된다고 해서 방향성을 바꾸는 경우가 많았습니다.

개인에 대한 규제가 30% 있을 시기에도 개인 명의로 LTV 80%를 받은 경우가 있었습니다(불법적인 방법 아닙니다). 개인에 대한 규제가 있으면 개인에 대한 규제가 있으니 개인사업자, 법인사업자로 변경해서 대출할 때가 있습니다. (주택 임대·매매) 사업자에 대한 규제가 있다면 그 외 사업자로 대출 진행은 가능합니다. RTI 규정으로 원하는 한도가 부족한 경우 임대사업자에 대한 규제이니 다른 업종의 사업자로 대출이 가능합니다. 이 한 끗 차이가 결과에 큰 영향을 미칠 수 있습니다. 대출 활용 방법에 대해 유연하게 생각하면 여러분을 목적지까지 더 빠르게 갈 수 있도록 도움을 줄 것입니다.

개인 및 법인 사업자 종류

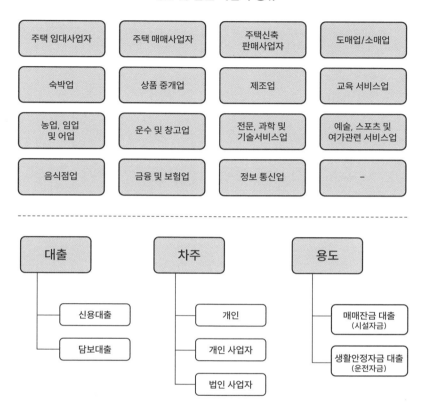

주택 임대사업자	주택 매매사업자	주택신축 판매사업자	도매업/소매업
숙박업	상품 중개업	제조업	교육 서비스업
농업, 임업 및 어업	운수 및 창고업	전문, 과학 및 기술서비스업	예술, 스포츠 및 여가관련 서비스업
음식점업	금융 및 보험업	정보 통신업	-

대출
- 신용대출
- 담보대출

차주
- 개인
- 개인 사업자
- 법인 사업자

용도
- 매매잔금 대출 (시설자금)
- 생활안정자금 대출 (운전자금)

2부

스트레칭 ① [활용 사례]

먼저 도착한
완주자들의 이야기

직장인 100억의 꿈 달성
(APT 담보대출)

2부는 제목처럼 레버리지를 활용하여 먼저 목적지에 도착한 지인들의 예시로 설명해 보려고 합니다. 먼저 소개할 지인은 사생활 보호를 위해 닉네임 '쏘부자'로 쓰도록 하겠습니다. 쏘부자 님은 회사에 다닐 때 항상 퇴사를 꿈꿨습니다. 점심시간이면 식사는 가볍게 해결하고 먼 곳을 보며 한숨만 쉬었습니다. 스트레스로 병원에 다니며 약을 먹어도 봤지만 잠시뿐이었습니다. 그로 인한 만성 두통에 괴로웠지만 당장 퇴사할 수는 없었습니다. 가장으로서 책임감과 수입이 끊기면 생활하는 데 타격이 있기 때문이죠. (오해의 여지를 방지하기 위해 첨언하면 쏘부자 님이 사치가 있는 것도 아니며, 음주 가무를 즐겨 하는 스타일도 아닙니다.)

그런데도 쏘부자 님은 불편한 사내 정치 문화와 부당한 일들을 볼 때마다 퇴사의 꿈은 점점 커졌습니다. 퇴사를 당장 할 수는 없으니 참고 견디는 방법뿐이었습니다. 그리고 주식 투자, 부동산 투자 공부를 꾸준히 하고 있었습니다. 주식 투자는 3년 정도 했지만 본인 성향과 안 맞는다고 판단되었습니다. 그래서 차선책으로 부동산 투자를 공부했습니다. 그러던 중 이웃 블로그의 글을 보고 생각의 전환점을 맞이하게 되었습니다.

당시는 투자하기 위해 종잣돈을 모으는 시기였는데, 그 시기를 앞당기기 위해 방법을 찾기 시작했다고 합니다. 저금리로 빌릴 수 있는 상품이 있다는 걸 알게 되어 종잣돈을 모으는 시간보다 차라리 이자를 내는 것이 더 합리적이라고 생각했습니다. 이때부터 쏘부자 님의 투자가 시작되었습니다. 오해할 수 있어 말씀드립니다. 투자 공부나 사업 운영에 대한 노하우가 부족한데 레버리지를 써서 시간을 단축하는 것은 좋은 선택이 아닙니다. 이 경우 종잣돈을 모으며 공부와 노하우를 축적해 가는 게 현명한 방법입니다.

그렇게 투자를 시작한 쏘부자 님은 3,000만 원의 사내대출을 받아 [매매가격-전셋값] 차이로 서울 금천구에 아파트 1채를 매수했습니다. 2년 뒤 전셋값이 오르자, 추가로 1채를 매수했고 자금을 다시 투자하는 방식으로 하여 다주택자가 되었습니다.

그리고 리스크 관리를 위해 중간에 큰 욕심을 부리지 않고 주택 수를 일부 정리하기도 했습니다. 또한 예비비를 항상 여유 있게 마련해 두었습니다. 호황일 때도 역전세 위험성을 인지하여 대출이자도 항상 1년 치 이상 예비비로 마련해 두었죠. 그 결과 쏘부자 님은 총자산 100억 원이 넘는 자산가가 되었습니다.

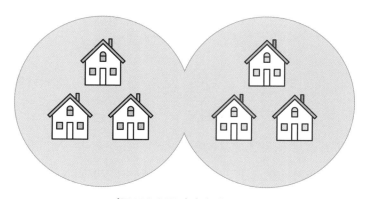

전세 보증금 or 주택가격 상승하는 경우

기존 보유 부동산과 추가 부동산

💡 수익률이 **낮아지더라도** 역전세, 불경기에 대비해
현금을 예비비로 들고 있는다!

이런 예시를 보면 사람들은 보통 이렇게 생각하기도 합니다. "총자산 만 높고 순자산이 적은 건 아니야?", "깡통전세가 많아 위험하고, 결국 대출받아 투기꾼이 되라고 하는 거야?" 그리고 순자산 55억 정도 되니 우리가 걱정할 문제는 아닌 거 같다고 판단합니다. 결국 갭투자로 투기 꾼 얘기하는 거 아니냐는 생각이 들 수 있어 말씀드립니다. 본인이 자산 을 못 늘렸다고 해서 남을 비난하기보다는 방법에 대해서 참고할 필요 는 있다고 생각됩니다. 적어도 이 책을 보는 동안은 부의 관점으로 접근 하길 바랍니다.

지인의 상황을 예시로 간단히 서술은 했지만 여러분 주변의 사업, 주 식, 부동산, 코인 투자 등 어느 정도 기반을 마련해 놓은 지인에게 물어보세요. 과정이 어땠는지요! 그 마음고생은 롤러코스터처럼 변동이 심했을 듯합니다. 일부 대중 매체에서 낚시성 자극적인 기사들로 생각을 치우치게 만들어 균형적인 판단이 쉽지 않습니다. 레버리지를 올바르게 활용하기 위해 이 책을 읽고 있는 독자라면, 그런 이들의 생각이 아니라 여러분 자기 생각과 판단으로 결정하길 다시 한번 바랍니다.

천만 원이 현금 30억으로 돌아왔다
(담보신탁 대출)

　개인적으로 극적인 사례들을 선호하진 않습니다. 실행하기 쉽지 않고 무용담이라는 느낌이 들기 때문입니다. 그럼에도 극적인 사례를 공유하고자 하는 건 극대화는 아니더라도 1/2, 1/3, 아니 1/10 정도만 실행해 보면 효과는 분명히 있을 거라고 확신해서입니다.

　현기증을 선사한 사례를 공유해 볼게요(당시 "내가 너무 좁게 생각했구나"라는 생각이 들어 자리를 떠나지 못했습니다). 닉네임 토마토 님은 재테크에 관심이 없었다고 합니다. 퇴사를 하고 조그맣게 사업을 하게 되었습니다. 사업은 매우 큰 수익은 아니지만 나름대로 보람도 있고 '직장 생활보다 낫다'는 정도였다고 해요. 그러면서도 개인사업은 본인의 노동력을 투입해 수입을 올리는 데 한계가 있어 해당 업종으로는 부자가 될 수 없다는 생각에 이르러 부동산 투자 공부를 시작했습니다.

　부동산 투자의 꽃은 경매인 것 다들 아시나요? 토마토 님도 경매를 공부하며 1년 동안 법원 경매에 입찰했습니다. 경매 입찰을 시작했을 때

토마토 님의 통장 잔액은 1,000만 원이 전부였습니다. 그래서 부족한 금액은 신용대출, 경락잔금대출로 조달했습니다. 그 이후 낙찰이 되어 수익이 발생하기 시작했습니다. 그러나 기대한 것보다 수익률은 높았지만 정작 수익 실현 금액은 많지 않았습니다.

일반적으로 경매 투자자들은 토마토 님과 같은 상황이 되면 동일한 패턴을 반복합니다. 입찰을 더 하여 수익을 올리는 데 집중하는 '개수를 늘리는 전략'이죠. 그러나 토마토 님은 일반적인 패턴과는 다르게 투자를 진행했습니다. 수익률이 높지만 수익 금액은 많지 않으니 투자 금액을 늘려야겠다고 생각한 것이죠. 그래서 투자 금액 크기를 늘리는 데 관심을 가졌습니다.

개수 늘리는 전략: 낙찰 개수를 늘려 순수익을 늘린다
단가 높이는 전략: 투자금을 늘려 순수익을 늘린다

부동산 투자 방식 중 '플피(플러스피) 만드는 법'이 있습니다. 주택 가격 1억 원에 매수하여 임차(전세)를 1억 1,000만 원에 놓는 방식입니다. 그러면 주택을 매수했는데 1,000만 원이 주머니에 생기는 거죠(편의상 취득세, 중개비는 생략). 그런 물건 있으면 나는 100개 하겠다고 생각하는 분들이 계실 겁니다. 하지만 실제로 실행하는 분은 극소수에 불과합니다. 찾기 쉬운 건 아니지만 존재하지 않는 것도 아니죠. 토마토 님은 그렇게 투자 금액 확보를 위해 경기도 일대의 다가구 주택을 총 20채 매수했습니다. 다가구 주택 매수 시 담보신탁 대출을 활용했습니다.

'담보신탁 대출'은 금융사에서 대출 진행 시 LTV에서 최우선 변제 금액만큼 공제되는 것이 아닌 실제 임차보증금만 차감되는 방식입니다. 세대 수가 많은 다가구 주택의 경우 담보신탁 대출을 활용하면 한도를 높일 수 있습니다. 특이점은 임차인이 전세자금 대출이 되지 않아 월세 세팅에 유리합니다.

그리고 2년 후 17채를 매도해 통장에 현금 30억을 만들었습니다. 물론 투자 금액이 작았으니 한 번에 20채를 매수를 할 수는 없었습니다. 처음에 1채를 매수하고, 그 주택으로 추가 자금이 형성되면 두 번째 주택을 매수하고, 또 추가 자금이 생기면 3번째, 4번째… 20채까지 매수하게 됐습니다. 게다가 매도할 때는 본인에게만 유리한 조건이 아닌 매수자들이 원하는 조건을 양보하면서 협의를 봤습니다. 그래서 빨리 매도된 점도 있을 겁니다. 그 여정은 결코 쉬운 길은 아니었을 거라 추측됩니다.

"부동산 대세 상승장이라서."

"투자를 잘 알아서."

"운이 좋아서."

어떤 선택에서든 여러 이유로 미리 결과를 단정 짓고 치부하면 올바른 답을 찾을 수 없습니다. 레버리지는 어떻게 활용하느냐에 따라 누군가에게는 자산 상승 속도를 높일 수 있습니다. 핵심은 길은 있다는 거죠.

방법을 고민하고 연구하는 사람은 답을 찾을 수 있습니다. 천만 원으로 시작해서 현금 30억 만들기는 레버리지 활용의 좋은 사례입니다. 그래서 지금 토마토 님은 어떻게 됐냐고요? 건물 2개를 매입하여 다른 투자 방법을 연구 중입니다.

힐튼호텔도 시작은 미약했다
(건축자금 대출)

부동산 투자는 시세차익형과 수익형으로 분류합니다. 수익형이면서 저평가된 부동산을 매수하여 리모델링하면 운영수익도 가져가고 시세 차익도 얻는 투자 중에 중소형 숙박시설이 있습니다. 숙박시설이 인기 있는 이유는 일반적인 수익형 부동산과는 다르게 안정적인 운영수익이 뒷받침되기 때문입니다.

김준하 님은 스타벅스, 맥도날드 드라이브스루 등 중소형(수익형) 부동산 개발사업을 수행했고, 현재는 중소형 숙박시설에 집중하고 있습니다. 김준하 님은 과거 경험을 살린 자기만의 방법을 지키며 투자하고 있는데요. 그에 앞서 먼저 간략히 중소형 부동산 개발사업에는 어떤 비용이 들어가고, 또 건축자금 대출 시 어떤 금융권을 활용하면 좋을지 알아볼까요?

먼저 중소형 부동산 개발사업에 들어가는 비용을 대략적으로 살펴보면 크게 세 가지가 있습니다.

> 1. 건축물 매수 비용: 건축물 매입 시에 지불하는 매매가격
> 2. 세금과 수수료: 중개수수료(매매가의 0.3%~0.5%), 취득세(공시 가액의 4.6%), 등기 비용(건축물 가액의 0.2%~0.3%), 보험료 등
> 3. 부대 비용: 운영에 필요한 부대적인 비용, 인테리어 비용, 리모델링 비용 등

그리고 건축자금 대출을 받는 경우 본인 투자금을 최소화하는 걸 희망하는 경우가 많습니다. 금융사별로 분류하면 세 가지로 나뉩니다.

> 1금융권: 국민, 우리, 신한, 농협, 기업은행 등
> 2금융권: 단위 농 · 축협, 신협, 새마을금고, 저축은행, 캐피탈 등
> 3금융권: 대부업

금리 면에서는 평균적으로 [1금융권 〈 2금융권 〈 3금융권]으로 갈수록 높습니다. 조달 금리가 높아지니 당연한 내용일 듯합니다. 개인적인 경험으로는 한도 면에서 활용이 쉬운 건 [1금융권 〈 3금융권 〈 2금융권]이 높습니다. 물론 물건별, 지역별, 개인별, 지점별로 차이가 있을 수 있습니다. 금리가 높지 않으면서 한도를 많이 활용하고 싶은 투자자는 2금융권을 적극 활용해 보기를 추천합니다.

다시 이야기로 돌아와 김준하 님은 중소형 숙박시설을 투자할 때 주변 시세보다 급매로 싸게 매수합니다. 그리고 제일 먼저 리모델링을 진행하는데, 유행을 타지 않고 향후 매도할 것을 고려해 과하지 않는 스타일을 추구합니다.

그리고 건축자금 대출을 받을 때는 1금융권과 금리는 비슷하고 한도면에서는 우수한 상품을 활용합니다. 또한 1~2년 후 운영수익이 높게 발생하면 건물 재감정을 통해 투자금 일부를 회수하는 방식으로 투자를 진행합니다. 건축자금 받을 때는 한도를 우선하고, 재대출받을 때는 높은 감정으로 한도와 금리 모두 만족할 만한 상품을 잘 찾는 게 중요합니다. 그러기 위해서는 2금융권은 무조건 비싸다는 고정관념을 내려놓고 적절히 활용할 줄 아는 지혜가 필요합니다.

TIP!

2금융권이라고 해도 금리가 낮은 담보대출의 경우 신용점수 하락이 크지는 않습니다. 반면 2, 3금융권의 금리가 높은 신용대출의 경우 신용점수가 1금융권보다 하락 폭이 높을 수 있습니다.

우리가 많이 사용하는 주택 매매 잔금 대출, 전세자금 대출, 직장인 신용대출의 경우는 [1금융권] 시중은행에서도 원하는 조건을 충족시킬 수 있고 금리도 낮아 유리합니다. 그러므로 다른 곳에 갈 이유가 없습니다. 그 외의 경우는 개별성이 강한 2금융권을 적극 활용하면 도움이 많이 될 수 있습니다.

*원하는 조건 금융사 찾는 방법은 '3부 좋은 은행 직원 만나는 법'을 참고 바랍니다.

김준하 님의 중소형 숙박시설 투자 개발 사례 세 가지

투자 개발 사례 # 01
수원, 33객실, 80평, 6층, 주차대수 약 10대

총사업비	20억 5,000만 원
매입가	12억 원
중개보수 취득세	1억 3,000만 원
시공비	7억 2,000만 원
PF 대출	13억 원
자본금	7억 5,000만 원
월매출	5,200만 원
매각(완료)	26억 9,000만 원

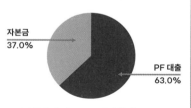

3년 운영 수익 52%, 매각 차익 85%
Total 수익률 137.4%

투자 개발 사례 # 02
시흥 월곶, 36객실, 지상 6층, 265평, 주차대수 30대 이상

총사업비	48억 3,000만 원
매입가	34억 8,000만 원
중개보수 취득세	2억 7,000만 원
시공비	10억 8,000만 원
PF 대출	34억 8,000만 원
자본금	13억 5,000만 원
월매출	7,300만 원
매각(추정)	104억 900만 원

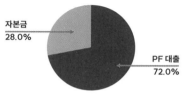

3년 운영 수익 25.1%, 매각 차익 413.3%
Total 수익률 438.4%

투자 개발 사례 # 03
대전 용전동, 21객실, 95평, 주차대수 약 10대

총사업비	16억 3,000만 원
매입가	9억 7,000만 원
중개보수 취득세	1억 4,000만 원
시공비	5억 2,000만 원
PF 대출	11억 3,000만 원
자본금	5억 원
월매출	5,000만 원
매각(추정)	19억 2,500만 원

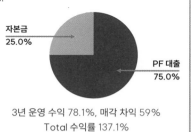

3년 운영 수익 78.1%, 매각 차익 59%
Total 수익률 137.1%

부업으로 두 번째 급여 수령
(신용대출, 경락잔금대출)

요즘은 고금리, 고물가에 많은 사람이 생활비 마련을 위해 부업을 하는 이른바 'N잡러' 시대입니다. 주변에 부업하는 분들을 종종 보게 됩니다. 이와 관련하여 친구 K의 사례를 들어보려고 합니다.

K는 공기업 근속연수 17년 차입니다. 조직 변동이 크지 않아 업무에 관한 자극이 많이 없었던 K는 승진에 관한 동기부여도 없었습니다. 처음 해당 기업에 입사했을 때는 연금만 기대하며 버텼지만, 시간이 지날수록 그것이 남은 인생에 큰 도움이 될 것 같지 않아 별도의 은퇴 이후 준비를 시작했습니다.

종잣돈을 모으는 데 집중하며 소비도 통제하려 노력했습니다. 그러면서 틈틈이 투자 관련 지식을 쌓기 위해 주말이면 강의를 수강하기도 했습니다. 더 나아가 재테크나 사업에 일가견 있는 사람을 직접 찾아가 의견을 듣기도 했습니다. 사고 확장에도 노력을 기하며 자기만의 방식을 찾고, 전문가의 의견을 수용할 줄 아는 기특한 친구입니다. 그의 레버리지 활용 사례를 한번 살펴볼까요.

[활용 사례 1. 주식: 은행 신용대출 6,000만 원]

- 2020년 초, 코로나19 여파로 주식 폭락 시기: 본인 자금 4,000만 원 + 은행 신용대출 6,000만 원 = 1억 원의 투자금 마련 → 미국 주식(테**, 애* 등) 매수
- 2021년 초: 해당 주식 매도 → 1억 5,000만 원의 시세차익을 남기고 모든 대출 상환

[활용 사례 2. 부동산: 경락잔금대출]

- 2018년 매수: 회사 대출 2,000만 원 + 부모님 도움 3,000만 원 + 경락잔금대출
- 2021년 5~6월 매도: 총 양도차익 약 2억 원의 수익 실현

	소재지	명의	매매 방식	대출 활용	투자금	시세차익
1	인천 계양구 00동	개인	경매	경락잔금	500만 원	7,000만
2	경기 동두천시 XX 아파트	개인	경매	경락잔금	1,500만 원	6,000만
3	충남 아산 ■■아파트	개인	매매	X	2,000만 원	6,000만

4	인천 미추홀구 00동 빌라	개인	경매	경락잔금	500만 원	−500만
5	인천 서구 왕길동 ◇◇아파트	법인	경매	경락잔금	2,000만 원	1,500만
합산 금액					6,500만 원	2억 원

앞선 두 사례에도 불구하고 K는 늘 월세에 대한 갈증이 있었습니다. 일하지 않아도 매달 들어오는 월세로 충분히 여유로운 삶을 살고 싶은 많은 사람의 바람처럼 말이죠. 그래서 K는 주식과 부동산 투자를 정리하고 월세가 나오는 사업에 관해 공부를 시작했습니다.

[활용 사례 3. 월세 세팅]

사업 내용	운영 방식	총투자금	월세	운영 순수익
인천 지역 / 풋살경기장	무인 운영	총 4,500만 원 (보증금 3,000만 원, 권리금 1,500만 원)	200만 원	월 150만 원
서울 지역 / 요가	총괄 매니저 운영	총 1억 1,000만 원 (보증금 2,000만 원, 권리금 9,000만 원)	220만 원	월 700만 원
서울 지역 / 필라테스	총괄 매니저 운영	총 1억 5,000만 원 (보증금 7,000만 원, 권리금 8,000만 원)	450만 원	월 200만 원
총합계	총투입 비용 3억 500만 원			월 1,050만 원 (연간 1억~1억 2,600만 원)

*순수익은 인건비, 이자 비용, 각종 세금 등 모든 비용을 제외한 금액

K가 열심히 공부하고 시작한 3개의 사업은 현재 잘 운영되고 있으며 차곡차곡 자금을 모으고 있습니다(책을 집필하는 동안 풋살경기장은 적정 권리금 받고 매도). 만약 K가 신용대출, 경락잔금대출을 적극적으로 활용하지 않았다면 어땠을까요? 물론 노력하면 이뤄내는 친구이니 잘 됐으리라 믿습니다. 다만 레버리지를 활용하지 않았다면 더 많은 시간이 필요했을 수도 있습니다.

레버리지는 시간을 사는 기술입니다. 그리고 레버리지 활용은 수익을 보장해 주지는 않습니다. 하지만 방향성이 맞는다면 목적지까지 도착하는 속도를 높일 수 있습니다.

월세 순수익 천만 원 조기 달성
(지식산업센터)

지식산업센터(아파트형 공장)를 매입하면서 받는 시설자금 대출의 경우 금융사에 문의하면 LTV 70~80%가 일반적입니다. 윤영현 님은 근성이 남달라 원하는 조건을 찾는 데 고수입니다. 시설자금 80%에 추가로 10%를 더 받아 지신산업센터를 매입하면서 총 90%의 대출을 받았습니다. 매입 당시 서울 성동구 성수동에 있는 지식산업센터의 매입 가격은 5억 5천만 원이었습니다. 대출금액은 1금융권에서 5억 7백만 원의 대출을 실행했습니다. 그 후 임차보증금 2천만 원, 월세 220만 원에 임차를 놓았습니다.

윤영현 님은 온라인 쇼핑몰, 경영 컨설팅 등 여러 사업을 병행하는 사업자다 보니 개인보다 높은 LTV 적용이 가능했습니다. 매입가(5억 5천만 원)+취득세(2,530만 원)-대출 원금(5억 760만 원)-임차보증금(2천만 원)으로 계산하면 본인 실투자 금액은 4,770만 원입니다. 취득세(지방세)는 (무)이자 카드 납부로 장기 분할상환이 가능합니다. 부가세는 잔금 납부 후 부가세 조기환급을 신청하면 약 40일 이후 환급이 가능합니다.

월세 220만 원에 임차하면서 당시 금리 3%대의 대출을 실행했습니다. 즉 월세 수입(220만 원)-대출이자(약 126만 원)를 계산하면 약 94만 원의 임차 수익(부가세 공제 74만 원)이 발생합니다.

월세 순수익 1,000만 원 조기 달성

매매 가격 5억 5천만 원	
대출 (90%)	5억 760만 원
취득세	2,530만 원
임차보증금	2천만 원
월세	220만 원
본인 투자금 4,770만 원	
대출(90%) 5억 760만 원	

금리 3% 대출 월 납부금 1,269,000원

금리 4% 대출 월 납부금 1,692,000원

금리 6% 대출 월 납부금 2,538,000원

금리 7% 대출 월 납부금 2,961,000원

월세 220만 원(부가세 포함)

이런 사례를 보면 "금리가 높아져서 수익률이 지금과 다르잖아"하고 생각할 수 있겠죠? 맞습니다. 지금은 기준금리가 너무 높아져서 처음보다는 수익이 떨어졌다고 합니다. 요즘 같은 고금리 시대에 어떻게 해야 하는지 몇 가지 예상 질문이 떠오릅니다.

Q. 몇 년 뒤에도 지금의 고금리를 유지할 수 있을까요?

A. 쉽지 않을 듯합니다.

Q. 받는 월세는 그대로일까요?

A. 오를 확률이 높습니다.

Q. 자산의 가치는 그대로일까요?

A. 오를 확률이 높습니다.

아마도 자산 가치가 급상승하는 물건을 보는 시야를 가진 사람은 이 책을 보지 않을 듯합니다. 그럴 경우는 이미 레버리지 활용을 학습했을 듯하고요. 이처럼 우상향 물건의 경우는 투기도 아니며 시간과 복리로 이기는 싸움입니다.

윤영현 님은 처음부터 사업을 시작한 분이 아닙니다. 직장을 다니면서 창업에 관심이 있어 준비하게 되었으며, 숱한 어려움에 부딪히며 그 꿈을 잠시 미뤘습니다. 그리고 상대적으로 안전하다고 생각된 부동산 투자를 먼저 시작하여 자기에게 맞는 투자 방법을 찾아가며 실력을 키웠습니다. 그 후 현재 앞서 언급한 사업들을 하게 된 것이죠.

그리고 지식산업센터를 공부하면서 "물건만 잘 선정하면 월세와 시세차익을 동시에 얻을 수 있겠다"라고 판단해 해당 물건을 매입하여 운영하고 있습니다. 처음 물건 매입 시 검토 사항이나 좋은 물건, 나쁜 물건을 구별하는 방법 등 하나씩 경험으로 배웠기에 확신이 들었다고 합니다. 직장인이 주변 지원 없이 투자할 수 있는 자금은 한계가 있습니다. 그리고 부동산 시장이 잠시 위축될 때 '지금이 기회다'라고 생각하기도 합니다. 우리는 이 시점에 대해 고민해야 합니다.

"레버리지를 사용해 시간을 절약(대출이자 사용)할 것인지,
  시간(돈 모으는 시간 사용)을 사용할지?"

윤영현 님의 경우 방향성을 충분히 잡은 상황이었고, 시행착오를 겪은 경험으로 확신이 있었기에 '시간 절약(대출 활용)'을 선택했습니다. 그래서 지식산업센터를 추가 매입하고 싶었지만, 거주 주택을 매수하면서 종잣돈을 모두 사용했다고 합니다.

주거래 은행과 1금융권에서 추가 대출을 문의했으나 거절됐고, 단위

농협/신협/새마을금고에서도 역시 같은 통보를 받았습니다. 하지만 그는 포기하지 않았습니다. 비교적 한도가 높은 2금융권의 저축은행 여러 곳을 비교 후 추가 자금(2억 8천만 원)을 마련했습니다.

1주택 매수 시점에 이미 4억 2,600만 원 사용 중이었고, 추가 사업자 후순위 주택담보대출 2억 8,100만 원(금리 8.25%)을 대출받아 급매로 나온 것들을 매수했습니다. (*사례에 있는 내용을 무조건 따라 하는 것은 위험합니다. 위 사례는 충분히 시행착오를 겪은 후 투자한 사례입니다.)

그리고 주택 가격이 상승분에 대해서 추가 대출을 받으며 지식산업센터를 추가 매수했습니다. 대출을 활용하여 지식산업센터를 매수하고 일정 부분 수익이 실현되면 부채를 정리했습니다. 그가 1주택으로 시작해서 1년 뒤 월 수익은 얼마나 될까요? 투자 시작 1년 뒤 그의 월 순수익은 천만 원으로 조기 달성했습니다. 그 과정에서 얼마나 많은 일이 있었고 어떤 감정으로 버텼을지 감히 상상이나 할 수 있을까요?

레버리지만 사용하면 쉽다고 말하는 게 아닙니다. 대출 활용은 돈과 시간의 선택에 관한 내용입니다. 우리가 사업 운영, 건물 신축공사, 부동산 매수, 주식 등 다양한 경제 활동을 하면서 추가 자금이 필요할 때가 있습니다. 레버리지를 쓰면 대출이자를 내는 대신 여러분의 시간과 자금을 모을 때 쓰는 긴 시간을 단축할 수 있습니다. 단 올바른 방향으로 진행 중이어야 효과적입니다. 앞서 언급했듯이 종잣돈이 적다고 목표도 작을 필요가 없습니다!

스트레칭 ② [거짓말]

대출은 무조건 위험하다는 새빨간 거짓말

대출받는 것은 위험하다

대출을 고민하는 사람이라면 누구나 대중 매체 혹은 주변에서 한 번쯤은 듣는 말이 있습니다. 물론 대출과 연관된 사업, 부동산, 주식, 코인도 위험하다고들 하죠. 그리고 왜 대출이 위험하다고 생각하는지 물어보면 공통적인 답변이 따릅니다.

° 그냥 빚이니까! 못 갚을까 봐! 연체될 수 있어서!
° 채무불이행(신용불량)이 될 수 있어서!
° 주변에서 안 좋게 볼 수 있어서!
° 보유한 재산이 사라질까 봐!

그중 최악의 경우는 무엇일까요? 바로 연체로 인한 채무불이행, 즉 신용불량자가 되는 것입니다. 채무불이행이 되면 이제 끝났다고 생각하는 경우가 많습니다. 저 역시도 그랬고, 주변을 둘러봐도 그 이유로 대출을 피하려는 경우가 대부분입니다.

하지만 저에게는 그 생각을 바꾸게 된 계기가 있었습니다. 한 고객에게 대출 의뢰가 들어와서 실행한 적이 있었습니다. 그 고객은 신용 조회상 이상이 없었고, 신용카드도 사용 중이었으며 다른 대출도 이용 중이었습니다. 대출 실행 후 지인을 소개받아 이야기를 나눌 기회가 있었습니다. 그 지인은 과거 채무불이행 경험이 있어 지금은 연체를 절대 안 한다고 했습니다. 그때 이런 생각을 했습니다. "한 번 채무불이행 되면 이력이 끝까지 가는 게 아니었나? 시간이 지나면 정상적으로 금융사와 거래가 가능한 거였구나." 지금 생각해 보면 아주 짧은 생각이었죠. 그렇다고 해서 '대출이 안전하다'라는 의견에 힘을 실어주는 것은 아닙니다. 모든 것에는 장단점이 공존합니다.

국내 최대 메신저인 카카오톡을 예로 들어볼까요? 이 메신저의 장점은 누구나 무료로 메시지를 전송할 수 있고, 통화는 물론 사진과 동영상 전송이 용이합니다. 그만큼 사용이 간편해 쉽게 사용할 수 있죠. 단점은 개인정보처리 및 보안 문제에 관한 우려입니다. 인터넷이 돼야 전송할 수 있고 또 요즘 자주 거론되는 단체 채팅방에서 오는 피곤함도 있습니다.

이러한 장단점은 어떤 면에 더 집중하느냐에 따라 사람마다 달리 해석할 수 있습니다. 존 티어니의 『부정성 편향』*에서는 "인간은 긍정적인 정보보다는 부정적인 정보에 더 민감하게 반응하게 되어 있다. 진화론 관점에서 볼 때 외부에서 보내는 긍정적 신호보다 부정적 신호에 주의를 기울여야 생존에 유리하다."라고 언급했습니다.

이렇듯 장단점의 양면을 인지하면 생각의 전환에 활용할 수 있습니다. 대출금액이 커질수록 막연한 두려움이 생기는 것은 사실입니다. 그래서 위험하다는 단점이 존재하지만, 반대로 통제가 가능하다면 충분히 장점으로 활용할 만한 가치가 있다고 생각합니다. 즉 대출의 위험성을 되뇌며 단점에만 함몰되지 말고, '언제 어떻게 내가 활용할지'가 핵심입니다.

*   존 티어니, 로이 F.바우마이스터, 에코리브르, 2020

이자 낮으면 좋은 대출, 높으면 나쁜 대출?

대출이자가 낮으면 좋은 대출이고 반대로 높으면 나쁜 대출이란 말은 평균적으로 보면 맞는 이야기입니다. 하지만 원칙적으로 맞는 것은 아닙니다. 레버리지를 잘 활용하고 싶어서 이 책을 읽는 독자라면, 자금의 여유가 많지 않을 확률이 높습니다. 개인적으로는 레버리지를 거의 활용하지 않거나 아주 적극적으로 활용하는 두 가지 방법으로 사용하기를 추천합니다.

사업에서 성공하고, 투자해서 성공한 사람은 다른 사람들이 'NO'를 외칠 때 기존 방식에서 벗어나 'YES'를 외치는 사람입니다. 은행에서 대출을 받아 무언가를 하려는 사람이 좋은 조건만 제시받을 수는 없다고 생각합니다. 물론 재정적으로 여유로운 분이 세금 혜택 등을 받기 위해 사용하는 경우도 있을 수 있겠죠.

하지만 대부분 기본 종잣돈이 적어서 좋은 물건, 투자처, 사업 기회를 놓칩니다. 이때 이자를 보지 않고 기회를 보는 습관이 중요합니다. 이해를 돕기 위해 수도권에 부동산이 급매로 나왔다고 가정해 보겠습니다. 기존에 시세 100억 원에 거래된 물건이 80억 원 급매로 나왔을때 대출 비율에 따라 차이점은 다음과 같습니다.

[Case A]: 매매가 80억 원_(대출 60%) 48억 원 가능_ 본인 투자금 32억 원
　　　　　금리 4%

[Case B]: 매매가 80억 원_(대출 80%) 64억 원 가능_ 본인 투자금 16억 원
　　　　　금리 8%

[Case C]: 1년 후 감정가 60~70% 받으면 60~70억 원은 금리 낮은 상품
　　　　　이용 가능

A의 경우 금리가 낮아 안정적이라고 말합니다. B는 금리가 높아 상대적으로 위험하다고 평가합니다. 그럼 우리는 32억 원을 모아서 해당 물건을 사기 위해 기다려야 합니다. 레버리지를 잘 활용하면 [Case A, B]

를 이용하다가 [Case C]로 전환하지만, 자금이 부족한 경우에는 혹시 안 되면 어쩌나 하는 마음에 [Case A]가 성립될 때까지 기다리게 됩니다.

실무적으로 [Case B]에서 [Case C]로 전환하는 경우는, 진짜 종잣돈이 없어서 레버리지를 일으키는 것이 아닌 자금이 다른 곳에 있으나 일단 좋은 물건이니 [Case B]라도 써서 물건을 확보 후 [Case C]를 활용하는 경우가 많습니다. 저금리로 대환이 안 되면 본인 자금을 투입하면 된다고 생각되어 실행하게 되니 결과가 잘 나오는 거죠.

이자는 중요합니다. 하지만 더 중요한 건 기회를 보는 눈입니다. 이자라는 것에 시야가 가려져 더 큰 걸 보지 못하고 있는지 확인해 볼 필요가 있지 않을까요?

은행 대출 상품은 다 비슷하지, 뭐

대출 진행 과정을 보면 '이런 것도 되나' 하며 헉 소리 날 때가 의외로 많습니다. 참고로 저는 이미 일어난 현상을 긍정적으로 보려고 노력하는 편입니다. 누군가 대출에 관해 물어보면 우리는 못 해주지만, 다른 은행에 가면 가능할 거라고 이야기합니다. 거기에 쉽지는 않지만 꼭 찾아가 보라고 덧붙입니다. 성공 확률 0%와 10%는 다르다고 생각하기 때문입니다.

성공 확률 10%의 가능성이 있으므로 다른 은행도 안될 거라고 단정 지으려고 하지 않습니다. 당혹스러울 때는 어디를 가도 그 방법은 불가합니다. 단호하게 이야기할 때 다른 은행에서 진행하는 경우가 있습니다. 그렇게 저도 한 가지씩 배워가는 거죠.

과거 신용대출을 전담해서 하다가 담보대출로 업무를 전환한 초창기 시절이 떠오릅니다. 고객 중 파주에 토지를 소유한 분이 있었습니다. 통일되면 대박 나는 땅이죠! 고객은 해당 토지에 대출이 없었으며 그래서 대출 의뢰를 하서서 그 지역 단위농협에 의뢰했습니다. 며칠 후 은행 대출 담당자에게 전화를 받았습니다(*참고로 농협은 1금융권인 농협은행과 2금융권인 단위농협으로 구분됩니다).

담당자는 몇몇 이유로 대출이 불가하며, 해결되더라도 해당 은행에서는 어렵다고 답변했습니다. 저는 그 이후로 B 은행, C 은행, D 은행 등에도 의뢰했으나 모두 거절 통보를 받았습니다. 모든 내용을 의뢰 고객에게 전달했습니다. 그리고 몇 달 후 의뢰인이 다시 연락해 왔습니다. 해당 문제를 대출 없이 해결했으나, 이번에는 꼭 돈이 필요하다고 말이죠. 그래서 A 은행에 다시 대출을 의뢰했습니다. 담당자가 바뀌었고, 혹시나 검토하지 않을까 봐 다시 서류를 보냈고 최종적으로는 3억 원의 대출을 받았습니다. 이때 대출이 실행되어 기분은 좋았으나 의문이 생겼습니다.

"물건에 문제가 있는 게 아닌데 과거에는 왜 같은 물건에 대출을 거절했을까?"

대출 업무에 종사하기 전에는 금리만 다를 뿐, A와 B 은행이 다 비슷하다고 생각했습니다. 신용대출, 가계 자금(매매 잔금, 전세자금 대출)은 금리만 다를 뿐 조건이 대동소이합니다. 하지만 사업자금 대출, 법인 대출, 상가, 토지 등 다른 분야는 은행 지점과 담당자에 따라서 조건을 달리 이야기하는 경우가 많습니다. 상대적으로 정보에 취약한 우리는 은행 담당자의 말을 믿을 수밖에 없습니다. 그만큼 대출 상품은 상품에 따라 은행, 지점, 금융권에 따라 차이가 큽니다. 이것을 잘 인지하여 원하는 결과를 꼭 얻길 기원합니다.

대출 쓰면 무조건 신용점수가 떨어지잖아?!

주변에서 카드론을 받으면 당장에 큰일이 날 것처럼 반응하는 경우를 종종 보게 됩니다. 실제 이와 관련한 질문도 적지 않게 받았습니다. 카드론은 신용카드사에서 신용카드를 사용하는 고객에게 간편하게 대출해주는 신용대출 상품입니다.

비유하자면 이렇습니다. "어젯밤에 야식을 먹었는데, 고도 비만이 되어 일상생활이 어렵나요?" 야식이 건강에 좋지 않은 건 사실입니다. 그 습관이 계속된다면 건강상에도 악영향을 미치겠죠. 하지만 한두 번의 야식으로 당장 비만 체형이 되는 건 절대 아닙니다. 물론 일상 생활하는 데 지장이 큰 것도 아닙니다. 혹시 그로 인해 살이 조금 쪘더라도 습관을 조절하고 통제한다면 문제가 없다고 생각됩니다. 그런데도 이런 질문을 많이 받습니다.

"대출을 많이 받으면 신용점수가 많이 떨어지는 거 아닌가요?"

대출을 많이 쓴다고 신용점수가 크게 하락한다는 표현보다는, 높은 금리의 신용대출을 많이 쓰는 게 신용점수에 영향이 큰 것을 알아야 합니다. 혹 사업자 대출을 받았다고 하면 개인 신용도에 DTI, DSR에 포함되지 않습니다.

우리가 중점적으로 신경 써야 하는 것은 '연체로 인한' 신용점수 하락입니다. 항상 최고의 선택만 할 수 없습니다. 차선책과 다른 대안을 선택할 수도 있습니다. 개인마다 사정이 생길 수 있으니 무조건 쓰면 안 된다고 단정 짓기는 어렵습니다. 다중채무로 신용점수가 하락하면 부채가 해결되고 일정 시점이 지나면 다시 상승합니다. 연체로 인한 신용점수 하락은 다시 상승하는 데 꽤 오랜 시간이 필요합니다.

신용점수는 관리하면 반드시 올라갈 수 있습니다. 2금융권을 사용하면 1금융권보다 다소 긍정적이지 않은 것도 사실입니다. 담보대출은 금리가 낮은 상품이기에 신용점수에 큰 영향을 주지 않지만, 신용대출은 금리가 높은 상품 이용 시 신용점수에 영향을 줄 수 있습니다. 신용점수 하락으로 불이익은 선택의 폭이 약간 좁아지는 것이지, 선택을 전혀 할수 없는 게 아닙니다.

즉 신용점수가 조금 하락한다고 해서 다음 금융거래에 문제가 있냐 없냐에 따라 다르다는 게 핵심입니다. 신용점수는 시간을 갖고 여유롭게 생각해야 합니다. 사업에 실패하여 연체가 발생할 수 있고, (잘못된 레버리지를 활용해) 현명하지 못한 투자 판단으로 연체가 생겼을 수도 있습니다.

그래도 위축될 필요는 없습니다. 신용점수는 관리만 하면 반드시 상승하고 다시 금융거래도 가능합니다. 그러니 대출을 받아서 신용점수가 떨어지는 것을 걱정하지 마세요! 그것보다 연체로 인한 신용점수 하락을 걱정하며 더 현명한 판단을 하기를 바랍니다.

3부

저속 달리기

누구나 빨리 걷기(저속 달리기)는 한다. 그렇다면 어떻게 활용해야 할까?

대출 용어 및 구조 이해

용어 알고 가기

○ LTV(Loan To Value ratio, 주택담보대출비율)

LTV는 주택을 담보로 돈을 빌릴 때 인정되는 자산 가치의 비율입니다. 가령 주택담보대출비율이 70%이고, 10억짜리 주택을 담보로 돈을 빌리고자 한다면 빌릴 수 있는 최대 금액은 7억 원(10억×0.7)입니다.

○ DTI(Debt To Income, 총부채상환비율)

총부채상환비율(總負債償還比率), 즉 총소득에서 부채의 연간 원리금 상환액이 차지하는 비율을 말합니다. 금융기관이 대출금액을 산정할 때 대출자의 상환 능력을 검증하기 위하여 활용하는 개인신용평가시스템(CSS:Credit Scoring System)과 비슷한 개념입니다. 예를 들면, 연간 소득이 5,000만 원이고 DTI를 40%로 설정할 경우 총부채의 연간 원리금 상환액이 2,000만 원을 초과하지 않도록 대출 규모를 제한하는 것입니다.

DTI = (주택 대출 원리금 상환액 + 기타 대출이자 상환액) / 연간 소득

○ DSR(Debt Service Ratio, 총부채원리금상환비율)

모든 신용대출 원리금을 포함한 총대출 상환액이 연간 소득액에서 차지하는 비중으로, 대출 상환 능력을 심사하기 위해 금융위원회가 2016년 마련한 대출 심사 지표입니다. 주택담보대출 외 금융권에서의 대출 정보를 합산하여 계산합니다.

DSR = (주택 대출 원리금 상환액 + 기타 대출 원리금 상환액) / 연간 소득

○ RTI(Rent To Interest, 임대업이자상환비율)

부동산 임대업 이자상환 비율로서 담보가치 외에 임대수익으로 어느 정도까지 이자 상환이 가능한지 산정하는 지표입니다.

RTI = `(상가 가치×임대수익률) ÷ (대출금×이자율)

○ 차주(채무자): 대출 계약에서 빌리는 측의 사람

○ 채권자: 채무자에게 일정한 행위를 할 것을 청구할 수 있는 권리를 가
         진 사람

담보 여부, 차주별, 사업자별 분류 알기

신용대출 금융회사가 고객의 신용도를 판단하여 해주는 대출
ex) 직장인 신용대출

담보대출 은행(채권자)이 담보물을 잡고 하는 대출
ex) 주택담보대출, 주식담보대출, 동산담보대출 등

차주
(명의자)

개인

개인사업자

법인사업자

사업자 종류

주택임대	주택매매	도소매업
숙박업	제조업	교육 서비스업
운수 및 창고업	음식점업	...

상환의 방식

원리금 균등상환	원금 균등상환	만기 일시상환
"대출 원금과 이자의 합을 매월 동일한 금액으로 갚아가는 방식"	"대출 원금을 매월 동일한 금액으로 갚아가는 방식"	"약정 기간 동안 대출 원금에 대한 상환 없이 이자만 부담하는 방식"
▶ 매월 총 상환금액이 동일하며, 이중 대출 원금에 대한 상환 비중이 점차 높아짐	▶ 남은 대출 원금에 대해 이자 가계산되어, 매월 납입하는 상환금액이 낮아짐	▶ 대출 원금을 대출 만기일에 전부 상환하며, 대출 기간 중에는 이자만 납부
▶ 원금을 바로 갚아나가는 즉시분할상환 방식과 일정 기간 이자만 납부 후 원금을 갚아나가는 거치식분할상환 방식이 있음	▶ 원금을 바로 갚아나가는 즉시분할상환 방식과 일정 기간 이자만 납부 후 원금을 갚아나가는 거치식분할상환 방식이 있음	▶ 원리금 상환금액 부담은 가장 적으나, 대출 원금이 줄어들지 않으므로 총납부해야 하는 이자 비용이 가장 큼

*우리은행 홈페이지 참조

금리의 종류

종류	운용 형태	특징	장점	단점
고정금리		대출 실행 시 결정된 금리가 대출 만기까지 동일하게 유지	▶ 시장금리 상승기에 금리 인상이 없음 ▶ 대출 기간 중 월 이자액이 균일하여 상환 계획 수립 용이	▶ 시장금리 하락기에 금리 인하 효과가 없어 변동금리보다 불리 ▶ 통상 대출 시점에는 변동금리보다 금리가 높음

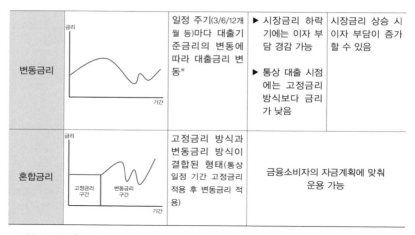

		일정 주기(3/6/12개월 등)마다 대출기준금리의 변동에 따라 대출금리 변동※	▶ 시장금리 하락기에는 이자 부담 경감 가능	시장금리 상승 시 이자 부담이 증가할 수 있음
변동금리			▶ 통상 대출 시점에는 고정금리 방식보다 금리가 낮음	
혼합금리		고정금리 방식과 변동금리 방식이 결합된 형태(통상 일정 기간 고정금리 적용 후 변동금리 적용)	금융소비자의 자금계획에 맞춰 운용 가능	

※ 변동금리 적용 예시

금리재산정 주기가 3개월인 변동금리 대출의 경우, 당초 계약 당시 2.0%였던 대출기준금리가 3개월 후 2.5%로 0.5%p 상승하였다면, 대출금리도 이에 따라 0.5%p 상승

*은행연합회 홈페이지 참조

업권별 차이

1금융권, 2금융권, 3금융권은 각자의 역할이 있습니다. 금리가 낮으면 좋은 대출, 높으면 나쁜 대출의 프레임에서 '나에게 돈을 벌어다 주는 대출'로 사고를 확장해 나가길 바랍니다. 대출은 분명히 위험성이 있는 건 사실입니다.

맨손 운동보다는 덤벨 운동이 근육을 키우는 데 효과적입니다. 덤벨 운동은 무게가 있어 잘못된 자세로 운동을 하면 부상의 위험이 있습니다. 반대로 활용을 잘하면 더 효과적으로 근육을 키울 수 있습니다. 대출도 동일합니다. 위험하지만 어떻게 활용하느냐에 따라 다릅니다. 대출금리의 종류는 크게 고정금리 방식, 변동금리 방식, 혼합금리 방식 세 가지가 있습니다. '금리의 종류' 표를 참고하여 '나에게 돈을 벌어다 주는 대출'을 잘 활용하기를 바랍니다.

신용점수 확인법 및 상승 방법

    신용점수는 대출받을 때 금융사에서 필수로 확인하는 사항입니다. 대출을 활용할 거라면 관리하는 것이 좋습니다. 미리 포인트만 전달하자면 연체는 꼭 피하세요! 연체로 인한 신용점수 하락은 다른 요소보다 오랫동안 꼬리표를 달 수 있기 때문입니다. 신용점수를 확인할 수 있는 대표적인 곳은 나이스 지키미(NICE), 올크레딧(KCB)이 있습니다.

출처: [나이스 지키미(NICE) 홈페이지, 고객센터 ☎ 1588-2486]

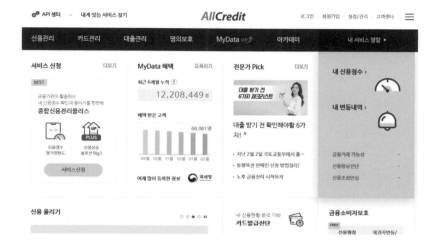

출처: [올크레딧(KCB) 홈페이지, 고객센터 ☎ 02-708-1000]

각 사이트(나이스 지키미, 올크레딧)는 1년에 3회 무료 열람이 가능합니다. 상세한 내용을 보지 않고 점수만 확인하기 위해서는 카카오페이, 토스 뱅크 등 앱에서 [신용점수 관리]로 들어가면 본인인증을 거쳐 두 군데를 한 번에 확인도 가능합니다(수시 확인 가능).

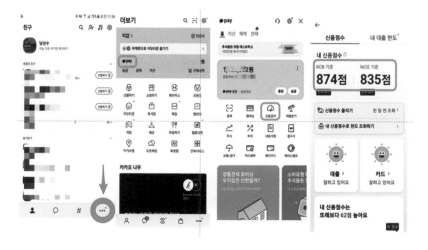

나이스 지키미, 올크레딧 홈페이지, 앱에서 본인 인증을 하면 다음과 같은 세부적인 내용을 살펴볼 수 있습니다.

- 신용 개설 정보(신용카드 개설)
- 채무불이행 정보
- 단기, 장기 연체 내역
- 공공정보(세금, 신용 회복, 개인회생, 파산면책)
- 금융 질서 문란 정보(보험 사기, 대포통장 연루, 대출 사기)
- 채무 보증 정보
- 채무 조정 정보
- 신용 조회 기록

신용점수 평가 요소 5가지

- 상환 이력 정보: 현재 연체 보유 여부 및 과거 채무 상환 이력 정보 반영, 연체 기간이 오래되거나, 금액이 많고 연체 횟수가 많을수록 부정적 영향 있음
- 현재 부채 수준: 부채가 클수록, 건수가 많을수록, 보증 채무 건수가 많을수록 부정적 영향 있음
- 신용거래 기간: 연체 없이 신용거래 기간이 길수록 신용평점에 긍정적 영향 있음
- 신용 형태 정보: 고금리 대출 거래 비중이 클수록 부정적 영향 있음
- 비금융/마이데이터: 비금융 정보(국민연금, 건강보험, 통신 요금, 아파트 관리비 납부 내역 등), 저축성 금융자산 제출 시 긍정적 요인으로 반영

나이스 지키미(NICE)는 신용평가를 할 때 상환 이력, 신용 형태를 중점적으로 보며, 올크레딧(KCB)은 신용 형태, 부채 수준을 신용평가에 많이 활용합니다.

	나이스 지키미(NICE)	올크레딧(KCB)
상환 이력	28.4%	21%
부채 수준	24.5%	24%
신용 거래 기간	12.3%	9%
신용 형태	27.5%	38%
비금융/마이데이터	7.3%	8%

(*2023년 9월 기준, 출처: 나이스 지키미 개인신용평점채계공시, 올크레딧 신용평가체계 참고)

신용점수 올리는 방법(*개인 상황별 차이 있을 수 있음)

1) 담보대출보다는 신용대출 먼저 상환하기

2) 연체 중인 대출 있다면 오래된 대출, 이자가 높은 순으로 상환하기

3) 연체는 절대 금지(10만 원 이상 5영업일 초과하여 연체하면 신용등급 하락), 3~5년 정보 남음

4) 비금융 정보 신용평가 반영 신청하기

5) 신용 거래 이력 만들기(신용카드, 체크카드)

6) 고금리 대출 정부 지원 자금으로 전환하기

7) 대출받을 때는 1금융권부터 대출받기

8) 신용카드 한도의 30%~50% 미만으로 사용하기

9) 현금서비스(리볼빙, 카드론)도 대출이니 자주 사용하는 것은 금물(

여러 건보다는 한 건으로!)

좋은 은행 직원 만나는 법

대출을 잘 받기 위해서 은행 직원을 잘 만나는 게 중요합니다. 나에게 맞는 은행 직원을 잘 선택하려면, 우선 그들의 세계를 알아야 도움이 되고 유리한 입장을 선택할 수 있습니다. 대출을 알아볼 수 있는 세 가지 경로를 살펴보겠습니다.

[Case 1] 시중은행 방문 상담

주택을 매수하기 위해 받는 주택담보대출이나 전세보증금 마련을 위한 전세자금 대출, 직장인 신용대출은 주거래 은행 또는 최근 금리가 저렴한 시중은행 1금융권에 알아보면 원하는 결과를 쉽게 얻을 수 있습니다.

그 외에 가령 한도를 더 원하는 경우(가계 자금 LTV 이상), 상가 매수, 빌딩 매수, 토지 매수, 다중채무자, 건축자금 대출, 신용점수가 낮은 경우는 더 적극적으로 손품, 발품을 팔면 원하는 결과를 얻을 수 있습니다. 대출 시 기본 공식은 [감정가×LTV-(소액임차보증금)]입니다. 감정가와 LTV는 은행마다 다르기 때문입니다. 또 같은 은행도 지점이 다르면 결괏값이 다르게 나올 수 있습니다. 그래서 손품, 발품을 파는 만큼 원하는 결과를 얻을 확률이 높습니다. 감정가 차이가 클수록 한도는 더 많이 차이 나고요.

또 고객이 최대로 대출받을 수 있는 한도가 5억 원(최대 LTV)인데 여러 금융사에서 4억 원(감정가 차이, 리스크 관리, 상환 여력 부족, 기대출 보유 등의 사유로)만 가능하다고 안내받으면 상심하고 단념하는 경우가 많이 있습니다. 재미있는 건 거절을 들을수록 마인드가 하락하는 자신을 만나게 됩니다. 그런 현상을 이겨내고 찾아야 한 발 더 성장할 수 있습니다. 한 번의 경험이 다음을 더 적극적으로 찾게 하는 원동력이 됩니다.

마지막으로 1금융권 신용대출도 지점마다 한도가 조금씩 다른 경우가 많습니다. 상품을 적극적으로 비교해 보는 게 유리한 조건을 얻을 수 있습니다. 한 가지 팁을 드리자면 한도, 금리 비교를 위해 한도를 조회하는 건 신용점수에 영향이 없으므로 편하게 이용해도 됩니다.

은행 직원

A. 1금융권 은행
B. 지역농협, 신협, 새마을금고
C. 캐피탈, 저축은행

강원도 온라인 모집 법인 (금리 비교 사이트)

I. 1금융권 가계자금
   (주택매매잔금, 전세자금대출)
I. 직장인 신용대출
I. 사업자 1금융권 신용대출
I. 햇살론, 새희망홀씨론

경기도

충청북도

충청남도

경상북도

전라북도
오프라인 모집법인 (대출 상담사)

경상남도

D. 1금융권 가계자금
   (주택매매잔금, 전세자금대출)
E. 경락잔금, 특수물건 담당자
F. 2금융권 담당자
   (단위농협, 신협, 새마을금고, 저축은행)
G. 3금융권 담당자
   (대부업, P2P)
H. 신용대출 상담사

[Case 2] 오프라인 모집법인_대출 상담사

대출모집인은 금융회사와 대출모집업무 위탁계약을 체결하고, 금융회사가 위탁한 업무를 수행하는 대출상담사와 모집법인을 말합니다. 대출모집인은 크게 다섯 가지 분야로 나뉩니다.

1. 1금융권 담보대출 담당자(1금융권 모집법인 소속 상담사)

주택 매매 잔금, 전세자금 대출, 오피스텔(상가, 건물 취급 불가)

2. 2금융권 담보대출 담당자(단위농협, 신협, 새마을금고 모집법인 소속 상담사)

토지, 상가, 후순위 담보, 건축물 관련 상품 취급

3. 경락잔금대출 담당자

경매, 공매 관련 상품, 특수물건 관련 대출 상품 취급

4. 신용대출 담당자(2금융권)

햇살론, 직장인, 자영업 신용대출

5. 대부업 담보대출 담당자

대부업, P2P*

은행 직원   오프라인 모집법인 (대출 상담사)

A. 1금융권 은행   D. 1금융권 가계자금

B. 지역농협, 신협,   (주택매매잔금, 전세자금대출)

새마을금고   E. 경락잔금, 특수물건 담당자

F. 2금융권 담당자

(단위농협, 신협, 새마을금고, 저축은행)

C. 캐피탈, 저축은행   G. 3금융권 담당자

(대부업, P2P)

대부업   H. 신용대출 상담사

---

*   Peer-to-peer lending, 개인과 개인이 직접 연결되어 돈을 주고 돌려받는 형태의 금융

Case 1과 2 활용을 위해서는 담당자에게 어떤 분야가 전문인지 물어 봐야 합니다. 해당 분야에 대해서만 물어보는 게 포인트입니다. "대출 담당자인데 대출에 대해 모르는 게 있을까?" 하고 생각할 수도 있습니다. 대출 담당자들도 본인 주력상품 외 다른 분야는 모르는 게 있습니다. 이것저것 취급하는 담당자는 믿고 거르는 게 좋습니다. 주력상품의 전문성이 없다는 건 그만큼 경쟁력이 없는 상품일 가능성이 매우 높습니다.

[Case 3] 온라인 모집법인_금리 비교 플랫폼

오프라인과 온라인 모집법인의 차이는 홈페이지 보유 여부가 아닙니다. 온라인 모집법인은 「전자금융거래법」에 따른 전자적 장치를 이용한 자동화 방식을 통해서 대리, 중개업을 영위하는 법인(온라인 플랫폼)을 뜻합니다. IT 기술 확산과 코로나19 이후 대면 상담, 전화 상담이 줄어들면서 앞으로 한 번에 여러 금융사를 비교할 수 있는 온라인 모집법인이 활성화될 것으로 생각됩니다. 그러면 직접 은행 방문 없이 금리를 손쉽게 비교하면서 선택하기 좋습니다. 대표적인 금리 비교 플랫폼 회사는 네이버페이, 카카오뱅크, 토스 뱅크, 핀다 등이 있겠죠.

2023년 2월 22일 기준, 온라인 대출 모집법인에 정식 등록된 업체는 31곳입니다. 금리 비교 사이트는 주택 매매 잔금 대출, 전세자금 대출, 직장인 신용대출, 우량 사업자 신용대출의 한도와 금리를 비교하기에 쉽게 이용할 수 있습니다. 그 외 상품들은 본인이 손품, 발품을 팔며 비

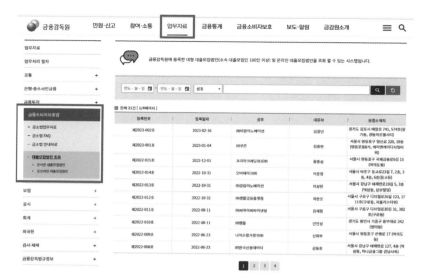

금융감독원 등록 온라인 대출 모집법인 조회

(출처: 금융감독원 홈페이지)

(좌 이미지부터) 네이버 파이낸셜, 카카오페이, 비바리퍼블리카 금리 비교 화면

(출처: 각 모바일 앱)

* 금리 비교 사이트에서 조회 시 여러 금융사의 금리를 비교해도 신용정보조회 1건으로 조회
됩니다.
**단순 가조회는 신용점수에 영향을 미치지 않습니다.

교 후 진행하는 게 유리합니다.

　온라인 대출 모집법인을 활용하는 경우는 금융감독원에 정식 등록된 업체를 이용해야 합니다. 섣불리 광고만 보고 들어갔다가 정확한 금리 비교도 못 하고 보안에 취약한 사이트에 유출되면, 소중한 개인정보만 유출될 가능성이 큽니다.

　이렇게 세 가지 사례를 적절히 혼합 사용하면 원하는 결과를 얻기 쉽습니다. 단 유의해야 하는 것은 원하는 결과만큼 한도가 나오지 않았다고 좌절하지 않는 것입니다. 큰 테두리 안에서 위반되는 경우가 아니고 받을 수 있는 한도라면, 적극적으로 금융사에 긍정 요소를 어필하여 원하는 결과를 받아야 합니다.

좌절 금지! '을'이 되는 이유!

[이벤트 1] 2021년도 8월 농협 대출 중단 사태로 대출 비상

2021년 8월, 대출 총량제로 농협을 시작으로 우리은행, 카카오뱅크가 가계대출을 중단했습니다. 다른 은행도 대출이 중단될까 봐 직접 지점에 가서 신청하느라 마음이 분주할 때였습니다. 당해 9월~12월에 대출받아야 했던 고객들은 대출 규제와 금융권 대출 중단으로 가슴을 졸이기도 했습니다. 잔금 납부 시기를 다음 해로 하거나 몇 군데 은행이 대출을 중단하더라도 모든 금융사가 중단하는 것은 아닐 테니, 냉정히 생각하면 조급해할 이유는 없었습니다.

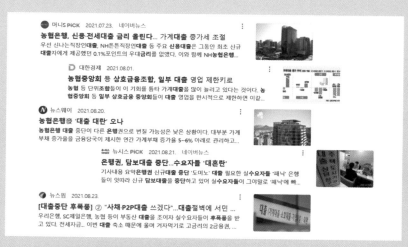

[2021년 8월 농협 대출 중단 사태 당시 관련 뉴스 캡처]

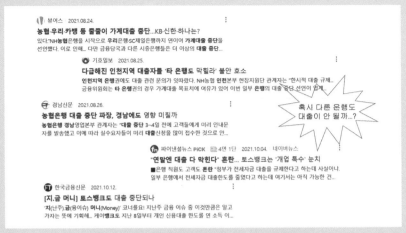

[농협 대출 중단 여파 우려 관련 뉴스 캡처]

[이벤트 2] 신규 법인 대출 진행 가능한가요?

명의 문제, 세금 관련 이슈, 단기 투자 시 활용, 건강보험 적용, 비용처리를 쉽게 하려는 등 다양한 이유로 법인을 설립하여 운영하는 경우가 많습니다. 호기롭게 법인을 설립하고 법인 명의로 사무실을 사용하기 위해 여기저기 알아보며 적합한 물건을 찾죠. 계약서를 작성하고 대출을 알아보는 과정에 이런 경우가 있습니다.

"신규 법인으로 사무실을 쓰기 위해 계약했는데 대출이 얼마까지 될까요?"

"죄송하지만 고객님! 신규 법인은 매출이 없어 다음 해에 실적이 발생하고 이익이 발생해야 대출 진행이 가능합니다."

이러한 상황을 맞은 사람들은 근처 은행이 아닌 주거래 은행으로 향합니다. 그리고 똑같이 물어보죠. 하지만 주거래 은행이라고 해서 반응이 달라지는 건 아닙니다. 그렇게 두 곳에서 거절당하면 사무실 계약을 잘못했다 싶은 마음마저 들게 됩니다. 신규 법인은 대출이 어렵다는 똑같은 안내를 받는다면, 당사자는 무슨 마음이 들까요?

신규 법인이 특별한 건 아니지만, 취급하는 은행 지점에서는 이슈 없이 대출이 진행됩니다. 하지만 신규 법인을 취급하지 않는 은행 지점도 있습니다. 호기롭게 시작했던 마음을 붙잡고 신규 법인을 취급하는 지점을 방문해서 진행하면 됩니다.

[이벤트 3] 신탁 대출 90%··· 그런 은행은 없는 거라고요?

대출 상담 업무를 하는 분이 월세에 목이 말라 다가구 주택을 알아보고 있었습니다. 그러던 중 경매를 통해 저가로 매수하기 위해 여러 건의 입찰을 통해 낙찰받았습니다. 당진 수청지구 근처의 감정가 약 15억 원의 4층 다가구 건축물을 약 9억 8천만 원에 낙찰받은 거죠. 이분은 대출 업무를 아는 분이기에 대출을 잘 받았겠죠? 낙찰받고 호기롭게 법원에서 명함을 나눠주는 사람들에게 대출 견적을 받았습니다.

"낙찰가 90%(8억 9천만 원)를 신탁 대출로 받고 싶은데 가능하죠?"

"고객님, 낙찰가 80%(7억 8천만 원)가 최대입니다."

···

"낙찰가 90%를 신탁 대출로 받고 싶은데 가능하죠?"

"소득 자료 보내주시겠어요?"

"프리랜서로 근무해서 증빙 소득은 많지 않습니다."

"소득 자료가 부족해서 70%(6억 9천만 원)까지만 가능할 것 같습니다."

…

"기존 사업자 대출이 있어 80%만 가능할 것 같고, 그것도 잘해드리는
거예요."

"증빙 소득도 높지 않고, 기존 대출도 있어 90%는 불가능하다고 생각
하시면 됩니다."

100군데 넘게 전화를 돌리고 견적을 받으면서 결국 원하는 조건으로
대출을 받았습니다. 감정가 대비 낙찰가가 현저히 낮아 신탁 대출로 진
행하면 90% 가능한 조건이었습니다. 다만 은행 지점마다 물건을 보는
관점이 다르다 보니 90% 실행하는 게 부담되어 은행에서 보수적으로
80~70%로 한도를 제시받은 것입니다.

이러한 이벤트들을 보면 알 수 있듯, 대출을 잘 모르면 진행 과정은 초
조하고 불안할 수 있습니다. 실제로 중간에 안 된다는 이야기를 들으면
움츠러들게 됩니다. 저 역시도 그렇고요. 그러나 상품에 대한 거절이 사
람에 대한 거절이 아니니 100% 안 된다는 조건이 아니라면 다시 시도해
보세요!

주거래 은행의 함정과
오프라인 금리 비교 방법

대출 시 떠오르는 건 '주거래 은행을 먼저 가봐야겠다'라는 것입니다. 주거래 은행은 마치 필요 시 대출을 언제든 해줄 것 같은 느낌이 들죠. 그러나 거래가 많다고 해서 주거래 은행이 아닙니다. 은행의 측면에서 은행에 이익을 주는 고객이 혜택을 받을 수 있는 경우가 많습니다.

또한 주거래 은행이 대출 총량제로 대출을 적극적으로 할 수 없어 높은 대출금리를 유지한다면, 타 은행의 금리가 더 유리할 수도 있습니다. 당연히 주거래 은행을 알아봐야 하지만, 타 은행도 살펴볼 수 있는 여유를 갖기를 희망합니다.

은행 금리 산정 방법

대출을 진행할 때 금리가 어떻게 산정되는지 알면 이해하기 편합니다. 간략한 공식은 [기준금리+가산금리=최종금리]이지만 더 자세한 공식은 다음과 같습니다.

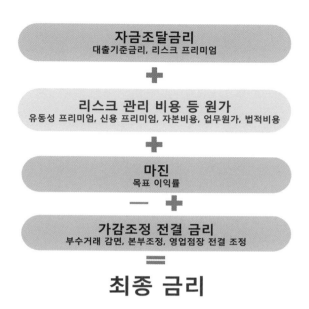

최종 금리

참조: 은행연합회 홈페이지

○ **자금조달금리**

대출 시 은행이 필요한 자금을 시장에서 신규로 조달할 때 지불해야 하는 금리(시장금리)를 의미합니다. 대표적으로 금융기관이 발행하는 만기별 금융채 금리 등을 예로 들 수 있습니다. 대출기준금리와 자금조달금리가 상이하여 대출기준금리가 변동하더라도 자금조달금리가 동일하다면, 여신 실행 시 대출금리에는 이론적으로 영향이 없습니다. 반면이미 실행된 여신의 대출금리는 금리 변동 주기 도래 시 대출기준금리의 변동을 반영하여 조정됩니다.

○ 대출기준금리

　변동금리 대출의 대출금리 변동 시 기준이 되는 금리 등을 의미하며, 은행은 코픽스(COFIX, 자금조달비용지수), 금융채·CD 금리 등 공표되는 금리를 대출기준금리로 사용하고 있습니다. 은행의 대표적인 대출기준금리는 다음과 같습니다.

　COFIX: 은행연합회가 국내 주요 8개 은행의 자금조달 관련 정보를 기초로 산출하는 자금조달비용지수를 의미합니다.

　"신규취급액 기준 COFIX", "잔액 기준 COFIX", "신 잔액 기준 CO-FIX", "단기 COFIX"로 구분 공시됩니다(세부 내용은 은행연합회 소비자 포털 홈페이지 COFIX 개요 참조).

　CD 금리: 금융투자협회가 발표하는 양도성 예금증서(CD, Certificate of Deposit)의 유통수익률로서 3개월 CD 금리가 대표적인 단기 기준금리입니다.

　금융채 금리: 금융기관이 발행하는 무담보 채권의 유통 금리로서 민간 신용평가기관이 신용등급별, 만기별로 발표합니다.

구분	금융채 연동	COFIX (신규 취급 기준)	COFIX (신잔액 기준)
내용	▶ 은행이 자금조달을 위해 발행하는 채권 금리 ▶ 만기 6개월, 1년, 5년 등 대출 만기에 따라 다양하게 활용(매일 공표) ▶ 은행이 자금조달을 위해 발행하는 채권 금리 ▶ 만기 6개월, 1년, 5년 등 대출 만기에 따라 다양하게 활용(매일 공표)	▶ COFIX(Cost Of Funds Index, 코픽스)는 은행이 조달한 자금의 '조달비용지수'를 의미하며, 주요 8개 은행의 예·적금·금융채 등 조달 금리를 가중평균하여 산출 ▶ 매월 15일 은행연합회 홈페이지에 고시	
		▶ (기준) 신규취급액 ▶ (기간) 공시 전월 1개월 ▶ (항목) 정기예금, 정기적금, 금융채, CD, RP 등 8개	▶ (기준) 잔액 ▶ (기간) 공시 전월말 ▶ (항목) COFIX(신규) 항목 + 요구불예금 등 결제성 자금, 기타 차입금 등 포함
특징	▶ 시장금리이므로 금리 상승기, 금리 하락기 변동 상황을 그대로 반영 ▶ 일반적으로 만기가 길수록 금리가 높은 경향(시장 상황에 따라 예외적으로 단기물 금리가 높은 경우도 발생)	▶ 시장금리보다 예·적금리 변동의 영향을 크게 받음 ▶ 전월 취급된 조달 금리의 가중평균이므로 은행의 최근 조달금리 상황을 반영	▶ 전월 잔액을 기준으로 산정하고 금리가 낮은 결제성 자금도 포함 ▶ 신규 취급에 비해 금리 상승기 상승 속도가 완만하나, 금리 하락기에는 신규 취급에 비해 하락 속도도 완만
변동 예시	 금리 ━━ 1년물 ━━ 5년물	 금리 ━━ 신규 ━━ 신잔액	

*우리은행 홈페이지 참조

○ 가산금리

가산금리란 대출기준금리와 더불어 대출금리를 구성하는 리스크 프리미엄, 유동성 프리미엄, 신용 프리미엄, 자본비용, 업무원가, 법적 비용, 목표이익률, 가감조정 전결 금리 등을 의미합니다.

리스크 프리미엄: 자금조달금리와 대출기준금리 간 차이 등
유동성 프리미엄: 자금 재조달의 불확실성에 따른 유동성 리스크 관리 비용 등
신용 프리미엄: 고객의 신용등급, 담보 종류 등에 따른 평균 예상 손실 비용 등
자본비용: 예상치 못한 손실에 대비하여 보유해야 하는 필요 자본의 기회 비용 등
업무원가: 대출 취급에 따른 은행 인건비 · 전산처리 비용 등
법적 비용: 보증 기관 출연료와 교육세 등 각종 세금
목표이익률: 은행이 부과하는 마진율
가감조정 전결 금리: 부수 거래 감면금리, 은행 본부/영업점장 전결 조정 금리 등

○ 대출 총량제

대출 총량제는 과도한 가계부채를 방지하기 위해 금융당국과 금융사들이 협의하여 대출 증가율 상한선을 정하는 것을 말합니다. 어길 시 별도의 제재는 없지만 금융당국의 관리 · 감독받는 금융사 입장에서는 신경이 쓰일 수밖에 없을 듯합니다.

영업점 방문하여 신용 대출금리 비교 방법

1. 필요 서류 준비하기

- 직장인 – 신분증, 재직증명서, 근로소득 원천징수
- 프리랜서 – 신분증, 위촉(재직) 증명서, 사업소득 원천징수 또는 소득금액 증명
- 개인사업자 – 신분증, 사업자등록증, 부가가치세 과세표준 증명, 소득금액 증명
- 법인사업자 – 신분증, 사업자등록증, 재무제표, 법인 등기사항 전부 증명서, 주주명부

대출 실행 시 추가 서류가 더 필요합니다. 한도를 알아보기 위한 단순 조회는 위의 서류만으로 간략히 조회할 수 있으므로 조건 비교 후 최종 필요 서류를 안내받아서 진행하면 됩니다.

2. 주거래 은행 방문해서 조회하기 (조건 확인)

은행에 방문하여 조건을 비교하고 있다고 말하는 것보다는 일이 있어 서류를 간략히 챙겨왔으니 먼저 조회해 달라고 하면 은행 담당자의 집중력을 높일 수 있습니다.

3. 거래 없는 은행 서너 군데 방문하기 (조건 확인)

기존 거래가 없어도 대출은 진행할 수 있습니다. 어깨 펴고 들어가세요! 만약 거절되는 경우 거절 사유를 상세히 물어보세요.

*(소득, 신용점수, 연체 이력, 공공정보 등) 조건이 맞는 시점에 재방문하기

4. 본인에게 맞는 조건 선택하여 대출 실행하기

유리한 조건을 찾으셨다면 대출 실행 시 필요한 서류를 안내받아서 진행하면 됩니다.

*금리 비교 사이트(온라인 모집법인-카카오뱅크, 토스 뱅크, 네이버 등)에서 먼저 조회해 보고 한도가 발생하지 않거나 인터넷이 편하지 않은 경우는 직접 은행 방문하길 추천합니다.

무직자도 대출이 되나요? (소득 증빙)

"무직자인데 담보대출이 되나요?"

상담하면서 많이 받는 질문 중 하나입니다. 답부터 말하자면 가능은 합니다. 금융사에서 대출을 받으려면 기본적으로 소득이 증빙되어야 합니다. 금융사로부터 대출을 받은 고객이 대출금을 상환할 여력이 되는지 판단하기 위해서입니다.

먼저 담보대출 취급 시 적용되는 소득은 세 가지가 있습니다. 연간 소득을 확인할 수 있는 '증빙 소득'. 건강보험료 및 국민연금 납부 내역을 바탕으로 소득을 추정할 수 있는 '인정 소득'. 신용카드 사용액으로 소득을 산정할 수 있는 '신고 소득'. 그렇다면 어떻게 소득별로 산정할 수 있고, 증빙 소득 환산 방법에는 어떤 게 있는지 하나씩 살펴보겠습니다.

소득 증빙 방법 세 가지

담보대출 취급 시 적용

	증빙 소득	인정 소득	신고 소득
종류	근로, 사업, 연금, 기타소득	국민연금 납부 금액 건강보험료 납부 금액 (소득 환산)	신용카드 사용액 (소득 환산)
인정 금액	최대 합산 제한 없음	최대 5,000만 원 소득 인정	최대 5,000만 원 소득 인정

*주택금융공사 등 정책자금은 (증빙, 인정) 소득만 심사 가능

〈소득원별 연간 소득 산정 방법 예시〉

소득원	서류 명칭	연 소득 산정 방식
근로소득	소득금액증명원 또는 소득 확인 증명서(ISA용)	1) 1년 소득 확인 시: 증명원상 소득금액 2) 2년 소득 확인 불가 시: 소득합계 ÷ 해당 근무일수 × 연간일수
	근로소득 원천징수 영수증	1) 1년 소득 확인 시: 영수증상 근무처별 소득명세의 현 근무지 소득계 2) 1년 소득 확인 불가 시: 소득합계 ÷ 해당 근무일수 × 연간일수
	급여명세표 등(임금대장, 근로소득원천징수부 등 급여내역이 포함된 증명서)	1) 1년 소득 확인 시: 12개월 합계 금액 2) 1년 소득 확인 불가 시: 월별 합계 금액 ÷ 해당 근무일수 × 연간일수

사업소득	소득금액증명원	증명원상 소득금액 (연 환산 선택)
	연말정산용 사업소득 원천징수 영수증	영수증상 소득금액 (연 환산 선택)
	거주자의 사업소득 원천징수 영수증	영수증상 지급 총액 × 60%(연 환산 선택)
	종합소득세 과세표준확정신고 및 납부계산서(세무사 확인분)	계산서상 종합소득금액(연 환산 선택)
연금소득	연금수급권자확인서 등 기타 연금을 확인할 수 있는 지급기관의 증명서	1) 1년 소득 확인 시: 1년간 수령액 합계 2) 1년 소득 확인 불가 시: 수령액 합계 ÷ 수령기간일수 × 연간일수
기타소득	소득금액증명원	증명원상 소득금액

참조: 주택금융공사 홈페이지

〈소득 종류에 따른 입증 서류〉

소득 종류	소득 입증 방법
근로	1) 세무서(홈택스) 발급 소득금액증명원, 소득 확인 증명서(서민형 개인종합자산관리계좌 가입용: ISA) 2) 연말정산용 원천징수 영수증(원천징수부 등 그 실질이 원천징수를 증명하는 서류) *원천징수영수증상 비과세소득 제외 3) 급여내역이 포함된 증명서(재직회사가 날인한 급여명세표, 임금대장 등)
사업	1) 세무서(홈택스) 발급 소득금액증명원, 소득 확인 증명서 (서민형 개인종합자산관리계좌 가입용: ISA) 2) 연말정산용 원천징수 영수증 (거주자의 사업소득 원천징수 영수증 포함) *①연말정산용 사업소득 원천징수 영수증은 적용소득률이 고려된 사업 소득금액을 그대로 적용 ②거주자의 사업소득 원천징수 영수증은 적용소득률 60%를 적용한 환산 소득액을 연 소득으로 간주. 즉 환산 소득액 = 지급 총액 × 60% 3) 세무사가 확인한 전년도 과세표준확정신고 및 자진납부계산서

연금	연금수급권자확인서 등 기타 연금수령을 확인할 수 있는 지급기관의 증명서 연금수령액이 표기되지 않은 경우는 연금수령통장 사본 추가 배우자 명의의 통장에 입금된 연금도 인정 가능. 통장 분실 등으로 입금 통장 사본 징수가 불가능한 경우에는 해당 금융기관 거래 내역서로 확인
기타	세무서(홈택스) 발급 소득금액증명원

참조: 주택금융공사 홈페이지

증빙 소득 환산 방법

채무자 또는 소득을 입증하는 배우자의 2개년 증빙 소득을 확인합니다. 채무자의 증빙 소득 적용을 원칙으로 하되, 배우자 증빙 소득과 합산 가능합니다(단, 우대금리 적용 등 부부 합산 연 소득 확인이 필요한 경우 채무자와 배우자의 소득을 합산하여 산정).

채무자가 1년 이하의 소득만 있는 경우 1년 이하의 소득을 연 환산 후 10% 차감하여 소득을 산정합니다. 연간 소득은 '연도별 과세 전 연 소득', '1년간 연 소득'으로 산정합니다. (*1년 미만 소득은 연 환산) *근로소득, 사업소득, 연금소득에 한하며 일할하여 계산

인정 소득 환산 방법

- 국민연금 연 소득 = 최근 3개월 평균 납부보험료 ÷ 보험료율* × 12월 × 95%

* 연금보험료율은 「국민연금법」에서 정하는 지역가입자 보험료율에 따름

• 건강보험료 연 소득 = 최근 3개월 평균 납부보험료 ÷ 보험료율*

  × 12월 × 95%

[예시: 건강보험료 200,000원을 납부]

최근 3개월 평균 납부보험료 ÷ 보험료율 × 12월 × 95% = 연 소득

→ 200,000원 ÷ 3.495 × 12월 × 95% = ~~65,236,051원~~ (5천만 원 인정)

*최대 인정 금액 5천만 원

[쉬운 방법]

건강보험료 납부 금액 × 330배 → 200,000원 × 330배 =

~~66,000,000원~~ (5천만 원)

신고 소득 환산 방법

연간 신용카드 사용액 × 38.3% × 90% = 소득 인정 (최대 5천만 원 인정)

- 전년도 1.1~12.31일 기준 or 최근 12개월 사용 기준

- 현금서비스, 카드론, 자동차 구입액 불인정

- 개인카드 및 본인 신용 한도 내 발급 가족카드 포함

---

* 건강보험료율은 「국민건강보험법 시행령」에서 정하는 직장가입자 보험료율에 1/2을 곱한 요율, 장기 요양 보험료 제외

[예시]

· 연 1,200만 원 ÷ 38.3 % × 90% = 2,800만 원 소득 환산

· 연 2,400만 원 ÷ 38.3 % × 90% = ~~5,600만 원~~ (5천만 원 소득 환산)

[쉬운 방법]

사용 금액 × 2.3배 → 2,500만 원 × 2.3배 =

~~5,700만 원~~ (5천만 원 소득 환산)

신용대출의 경우 무직자 대출이 되나요?

금융사는 차주가 직장(사업자 운영)이 있어야 대출이 되는 경우가 대부분입니다. 최소 재직(사업자 운영) 기간이 3개월, 6개월, 1년 상품에 따라 다릅니다. 무직인데 신용대출이 진행되는 상품은 대체로 금리가 높은 경향이 있습니다.

금리를 고려한다면 최소 재직(사업자 운영) 기간을 채우고 직장인(사업자) 신용대출을 받는 것을 추천합니다. 무직으로 고금리를 받았으나 신용정보가 변동됐다면 금리인하요구권을 활용해 보세요.

3백만 원 절약하는 금리인하요구권

대출 월 납부금은 한 번 계산해 놓고 메모하거나 자동이체를 하면 잊고 지내는 경우가 많습니다. 이자 금액을 자동이체로 신청했는데 시간이 지나고 보니 이자가 너무 올라 당황한 경험이 있습니다(얼마 전 일입니다). 또는 대출받을 당시에는 신용점수가 좋지 않았는데 시간이 흘러 신용점수가 향상한 예도 있습니다.

또한 법인은 자본잠식이었다가 재무 상태가 좋아지는 등 금리인하요구권을 신청하면 금융사에서 타당하다고 판단될 때 금리를 인하해 줍니다. 금리인하요구권은 2018년 12월부터 순차적으로 은행, 보험사, 저축은행, 여신전문 금융회사, 상호금융회사, 새마을금고에서 법제화됐습니다. 5분 정도만 투자해서 금리가 인하된다면 해볼 만하죠?

[예시: 3억 원 대출 시]

대출금리 4% 〉 3% 인하되는 경우

1,200만 원 〉 900만 원(이자만 상환가정)

1년에 300만 원이 절약!

금리인하요구권이란?

대출을 이용하는 소비자가 본인의 신용 상태가 개선되면 금융회사에 금리 인하를 요구할 수 있는 권리입니다. 금융회사 홈페이지, 앱, 영업점에 방문하여 금리인하요구권을 신청할 수 있습니다. 신청 결과는 신청 및 필요 서류 접수일로부터 10영업일 이내에 통지받을 수 있습니다.

- 심사 결과 통지 구체화를 통해 소비자 권익이 향상됨 (2023년 상반기 실시)

  (현행) ① 대상 상품 아님 ② 이미 최저 금리 적용 ③ 신용도 개선이 경미함

  (개선) 신용도 개선이 경미함을 세분화함

항목	설명	비고
① 대상 상품 아님	금리가 차주 신용도와 무관하게 결정되는 상품	기존
② 최적 금리 적용	이미 1등급 등 최저 금리를 적용받고 있음	기존

③ 신용등급 변동 無	금융회사 내부 신용등급 변동이 없음	
④ 신용 원가 변동 無 (신용등급 개선 경미)	금리 인하가 가능할 정도로 금융회사의 내부 신용등급이 상승하지 않음[1]	세분화
⑤ 최저 금리 초과	신용도 개선 이후에도 법정 최고 금리 초과 산출[2]	

[1] 주택담보대출, 보증부 대출 등 금리 산정 시 신용도 영향이 크지 않은 대출에서 주로 발생
[2] 이미 법정 최고 금리를 적용받고 있어, 추가 금리 인하 여력이 없음(금융위 자료 참조)

중도상환수수료 잡아먹는 대출 계약 철회권

부동산 물건을 보고 있었습니다. 계약금이 부족해 몇 주 뒤 돈이 들어오니 그때 계약하자고 했습니다. 그러나 매도자가 재촉하는 바람에 할 수 없이 대출을 받아 계약서를 작성하고 계약금을 쳤습니다. 그런데 매도자가 갑자기 계약을 취소하겠다고 했습니다. 재촉하는 바람에 대출을 받아 계약을 진행한 것인데, 취소하게 되니 대출 계약에 대한 중도상환수수료가 발생했습니다.

중도상환수수료는 대출 약정 기간보다 먼저 상환할 때 발생하는 수수료입니다. 일반적으로 0.5~2%로, 금융기관 및 금융상품마다 다르고 면제인 상품도 있습니다(담보대출의 경우 통상 3년이 지나면 면제 처리).

대출 계약 철회권이란?

• 대출받은 지 14일 이내이면 불이익 없이 대출을 철회할 수 있도록 하는 제도

- 대출 기록 삭제됨, 신용점수 하락 없음

- 신용대출 4천만 원, 담보대출 2억 원 이하만 가능

- 중도상환수수료 없음

- 사용한 날 이자, 금융사가 부담한 부대비용(근저당권 설정비, 감정평가, 법무사 수수료)은 납부해야 함

- 시설대여(리스), 단기 카드 대출(현금서비스), 일부 결제금액 이월 약정(리볼빙), 법인 대출은 불가(단, 동일 금융회사 연 2회, 전체 금융회사는 월 1회로 횟수 제한 있음)

대출 계약 철회권 사용을 고려하고 있다면 대출 실행 전 확인하세요! 단 대출 계약 시 대출 계약 철회권을 사용 예정이라고 하면 담당자의 집중도를 떨어뜨릴 수 있으니 우회적으로 물어보는 것을 추천합니다.

주거래 은행의 보이스 피싱

"팀장님, A 은행에서 대출이 된다고 연락이 왔어요!"

"얼마 전 임시 조회해서 여러 금융사에서 부결됐고, A 은행도 거절 처리되지 않았나요?"

"A 은행이 주거래 은행이라 이번에 서민들을 위한 상품이 나와서 접수 가능하다고 해요."

"먼저 문자나 전화가 온 건가요?"

"네, 맞아요."

"그 연락이 온 곳은 금융사가 아니고 보이스 피싱 같아요. 하지 마세요."

"홈페이지 확인해 보니 해당 상품이 있었어요. 보이스 피싱 아닌 것 같은데…."

실제로 고객과 있었던 사례입니다. 지금 이 책을 읽고 있는 독자분 중에도 이런 문자나 전화가 오는 경우가 많을 거로 생각합니다. 하지만 금융사에서는 절대 고객의 사전 동의 없이 전화나 문자 영업을 하지 않습니다.

사람은 보는 대로 믿는 게 아니고 믿고 싶은 대로 세상을 바라보잖아요. 확증편향*인 거죠. 다음의 이미지 세 개는 실제로 받은 문자 메시지입니다. 과연 이중 스미싱 문자는 어떤 것일까요? 정답은 모두 피싱 문자입니다. 이게 진짜인지 아닌지 쉽게 구별하기 어려울 만큼 촘촘하게 쓰인 다음 이미지를 보고 꼭 주의하기를 바랍니다.

① 신협

```
[Web발신]
(광고)*신협(신용협동조합) 상품 안내*

최근 정부에서 가계부채를 줄이기 위해 은행대출에 대한
규제가 더욱 강화될 거라는 뉴스를 보신적 있으실 겁니다.
저희 신협은 아직은 정부 규제전 완화 상태이며 저희 신협
또한 정부 규제 강화를 대비해 기존 신협 지점에서 취급되고
있는 여신 상품과 달리 수탁법인 영업부에서는 기존
판매되고 있는 상품을 한도와 금리 조건이 완화되어 한시적
판매되고 있어 여유시간을 내어 읽어 주신다면 도움이
되실꺼라 생각되어 안내장을 보내드립니다.

[신협 꿈모아론]

대상 - 연소득 2천 이상
금리 - 연 4.24% ~
기간 - 거치 만기상품으로 이자만 납입하시거나,
5년분할상환 중 자유선택가능

★정부지원★
(사잇돌/햇살론/바꿔드림/새희망홀씨)

1.한도:3000만원까지(대환자금포함)
2.금리:8%~15%까지

*신청방법
상담 가능 시간 문자예약 이나 전화주시면
상담가능하십니다.

★상담이 폭주하여 통화 연결이 안될시 문자 남겨 주시면 신
```

---

* 자신의 견해 또는 주장에 도움이 되는 정보만(그것의 사실 여부를 떠나) 선택적으로 취하고, 자신이 믿고 싶지 않은 정보는 의도적으로 외면하는 성향

② KB국민은행

제목 광고KB국민
[Web발신]
(광고)KB국민은행
행복을 드리는 KB국민은행 여신영업부입니다

접수담당자:김진석 대리
(담당자직통)070-8098-▔＿＿＿

고객님께서는 국민행복기금 신용보증 발행
대상자이시며,보증지원을 통해 당사 마이너스통장 신청이
가능합니다.
*정부신용보증지원을 통한 대환및 생활안정자금
지원(신용불량 및 개인회생 1년 미만 파산면책 기각고객
제외)
1.학자금대출 이용고객(최대30% 감면 및 분할상환 지원)
2.캐피탈.카드론.소비자금융권 고금리 대출건에 대해
은행권으로 저금리대환 지원)
3.저신용자 저소득층 필요자금시 고금리 자금 이용방지 위한
보증 지원 및 사업지원자금
※대출한도/금리 확인후 진행 가능하십니다.
▶대출한도는 고객 신용등급 및 직군,소득확인에 따라
차등적용
▶고객 적용금리는 고객 신용등급,은행기여도 등에 따라
차등 적용되며,고객별 거래조건 및 상환능력 등에 의한
가산금리가 추가되어 적용
※우대금리: 최고 연 0.9% 중복우대
▶신용카드 사용실적 우대: 최고 연0.3%할인
▶인터넷 또는 모바일뱅킹 신청/이용고객: 연0.1%할인
▶급여이체고객: 연 0.2%할인
▶거래실적우대: 최고 연 0.2% 할인
※가산금리4
▶1000만원이하 소액대출: 연 1.0%가산
※보증보험료(1년기준:0.5%)
▶일천만원 초과 신청건은 면제
※상환방식: 종합통장(마이너스)방식
※대출기간: 1년(만기시 10년 자동연장)
※상품혜택※
(중도상환수수료,취급수수료,연장수수료,계좌유지수수료
등.일체부과비용 없음)
※대출신청인이 신용관리대상자(신용회복지원 또는
배드뱅크 포함)이거나 은행의 신용평가 결과 신용등급이
낮은 고객일 경우 대출취급이 제한될 수 있습니다.
상담이 필요 하실경우 아래 담당자 직통번호로 연락주시면
됩니다.

KB국민은행 여신영업부
상담가능시간:오전10시부터 오후 5시까지

접수담당자:김진석
대리(전국은행연합회등록번호04-06-C
(담당자직통)070-8098-7▮
(수신거부)0800238▔▔▔

114

③ 카카오뱅크

< 1■■■ - ■■
9월 23일, 오전 9:03

카카오뱅크 대출 승인 대상자 안내문

[Web발신]
(광고)카카오·뱅크 대출 승인확정 대상자 알림
[민생 경제위기 해결안 정책지원자금 추가 지급
시행 공고]

귀하께서는 경기침체로 인해 고금리 고유가
정책이 시행됨에 따라 더욱 힘들어진 저소득,
취약계층 등 생활안정을 위해 정책자금 안을
통하여 시행되는 [민생 경제위기 해결안
정책지원자금] 지급 대상자로 조회되지만, 아직
신청하지 않은것으로 확인되어 재안내드립니다.

경제난으로 인한 피해계층의 생계안정을 도모하기
위해 지원하오니, 마감 전 빠른 신청하시어 어려운
일상에 큰 힘이 되기를 바랍니다.

▣ 지원정책 및 자금목적
-생활안정(수입원가 절감,
식료품비인하,식재료비경감)
-생계비 부담 경감(교육비 절감, 교통·통신비
인하,이자부담 완화)
-사업주의 경영 및 고용유지를 위한 안정자금 지원

-소득감소로 인한 근로자의 생계·경영위기 극·복을
위한 중층적 지원
-임차인 지킴자금, 중·고금리 대환, 일상회복 지원,
경영·고용안정 등.

▣융자조건
-예산규모: 59조 4천억원 규모 편성
-금융기관: 카카오뱅크
-보증기관: 신용보증재단, 보증비율
100%(전액보증)
-한도: 최소 1천만 원 ~ 최대 3억 원 이내
-금리: 연 1.2% ~ 2.6%대 내외
고정금리(심사결과에 따라 차등적용)
-보증기간: 8년 만기(3년 거치 후 5년 분할상환)
-상환방식: 거치 후 상환기간 동안 매월
원금균등분할상환
*전액 또는 일부임의(조기)상환 가능하며
중도상환수수료 없음

※기타사항
-한도와 금리는 N.C.B신용평가 결과에 따라
차등적용 됩니다.
-대출 실행 금액은 본인계좌로만 수령 가능합니다
-소득활동이 없는 분들도 당행의 심사기준을 충족
시 대출이 가능합니다

▣온라인(전자 약정)신청 안내
-신청 기한: 2022년 09월 26일(월) 16시까지
-필요 서류: 무 서류 접수(최종 가결 시 서류 요청)
※ 예산 초과 및 신청 마감일 이후 추가 신청 건에
대해서는 부 지급 처리.

-(신청/상담센터)-
☎ 1■■1-■■■■
· 수신 번호로 전화☞1번☞ARS에 따라 예약 신청
· 상담가능시간: 09:00~18:00(토,일,공휴일
제외)

* 자금 신청에 관한 세부사항은 반드시
문의처(상담센터)을 통해 상담신청을 남겨주시면
확인하여 연락 드리겠습니다.

무료거부080.880.C_ _ _

115

개인정보보호법이란?

"당사자의 동의 없는 개인정보 수집 및 활용하거나 제삼자에게 제공하는 것을 금지하는 등 개인정보보호를 강화한 내용을 담아 제정한 법률. 이 법은 각종 컴퓨터 범죄와 개인의 사생활 침해 등 정보화 사회의 역기능을 방지하기 위해 제정한 법률이다. 상대방의 동의 없이 개인정보를 제삼자에게 제공하면 5년 이하의 징역이나 5,000만 원 이하의 벌금에 처할 수 있다."

보이스 피싱 집단의 수법은 나날이 발전하고 있어 한편으로 걱정이 됩니다. 만약 전화나 문자로 금융사에서 먼저 연락이 왔다면, 주거래 은행이라고 해도 무조건 믿지 마세요. 영업 목적 전화나 문자를 미리 차단하여 예방하고, 차단했음에도 영업 목적의 전화가 왔다면 100퍼센트 보이스 피싱이니 거절 버튼을 누르고 번호를 차단하세요.

두낫콜이 뭐지?

두낫콜은 금융소비자가 원하지 않는 금융기관의 연락을 편리하게 차단하도록 만든 시스템입니다. 참여 금융사는 은행 · 금투 · 생보 · 손보 · 저축은행 · 여전 · 농수협 · 신협 · 산림조합 · MG · 우체국이 있습니다.

*금융회사가 아닌 전화 권유 판매 사업자 대상 수신 거부 등록은 공정위원회 운영 시스템을 이용 가능.

두낫콜 시스템 주요 내용은 다음과 같습니다(*홈페이지 참조).

1) 금융회사의 영업 목적 광고성 전화와 문자 메시지 발송을 차단하는 서비스입니다. (마케팅 목적 이외의 계약 유지 등을 위하여 필요한 연락 등은 차단 대상이 아님)

2) 두낫콜 시스템은 본인 명의 휴대전화 인증 후 신청해야 하므로, 본인인증이 된 휴대전화 번호로의 전화와 문자 메시지만이 연락 차단됩니다.

3) 휴대전화 번호가 변경되었을 때는 재등록을 해야 합니다.

4) 수신 거부 신청 및 철회 내역이 해당 금융사 시스템에 반영되기까지 최대 2주가 소요될 수 있습니다.

5) 두낫콜 등록 유효기간은 5년입니다.

6) 두낫콜 등록을 했더라도 그 후에 금융회사 영업점 등에서 마케팅 연락에 동의했다면 마케팅 연락이 올 수 있습니다.

직장인 / 사업자 신용대출

　보통 대출을 받을 때 신용대출은 직장인에게 유리하고, 담보대출은 사업자에게 조금 더 유리한 측면이 있습니다. 신용대출은 금융사(채권자) 입장에서 사업자보다 일정하게 수입이 들어오는 직장인을 선호하는 편입니다. 그래서 신용대출을 받을 때 직장인이 수월하죠.

　반면 담보대출은 사업자가 직장인보다 LTV(담보인정비율)가 높으므로 사업자에게 수월한 편입니다. 직장인과 사업자가 신용대출을 받을 때 크게 '은행 자체 상품'과 '(보증상품) 신용대출' 두 가지로 나뉘는데요. 하나씩 내용을 살펴볼까요?

금융사 (은행 자체 상품) 신용대출

A 그룹	B 그룹
• 주거래 은행 • 주거래 은행 외 1금융권 • 지방 은행 • 단위농협, 신협, 새마을금고 신용대출 • 보험사 약관대출 • 보험사 신용대출	• 카드론 • 캐피탈, 저축은행 • 대부업

A와 B 그룹은 은행권과 비은행권으로 분류되지만, 평균 금리로 대략 분리해 놓은 것입니다. 모두 통용되는 것은 아닙니다. 우리가 흔히 대형 브랜드 마트의 물건이 저렴하다고 해서 그곳의 모든 제품이 저렴한 것은 아닌 것과 같은 개념일 것 같습니다. 신용대출은 A 그룹과 B 그룹의 차이가 확연합니다. 만약 '정기적'으로 사용할 거라면 되도록 A 그룹 안에서 해결하는 것이 좋습니다.

보증상품 연계 신용대출

보증을 통한 신용대출은 '서민금융진흥원'을 활용하면 쉽게 알아볼 수 있습니다. 서민금융진흥원은 「서민의 금융생활 지원에 관한 법률」에 의해 설립됐습니다. 서민들을 위한 상품 안내 및 진행 방법이 궁금하다면 서민금융진흥원 홈페이지에 접속하거나, 안내 전화 1397을 활용하여 적극 도움받기를 바랍니다.

그동안 많은 사례를 보면서 느낀 게 있습니다. 누구도 자신의 모든 상황을 적극 이해하고 찾아주는 예는 없다는 것이죠. 도움이 필요하면 스스로 방법을 찾거나 먼저 문의하지 않으면 기회는 사라지게 됩니다. 시중에는 도움을 주기 위해 많은 방법이 있으므로 나에게 필요한 방법을 찾아서 활용하기를 바랍니다.

[서민금융진흥원 홈페이지]

신용대출 알아볼 때 고려 사항

▫ **한도, 금리를 알아보기 위한 임시 조회는 신용점수에 영향이 없다!**

걱정하지 말고 편안히 임시 조회해도 됩니다. 아직도 일부 담당자는 본인 고객으로 유치하기 위해 다른 데 조회하면 거절될 수 있다고 이야기하는 경우가 있습니다. 개의치 말고 적극적으로 확인해도 됩니다.

▫ **담당자 말을 맹신하지 말자!**

담당자의 말을 무시하라는 뜻이 아닙니다. 담당자마다 분야가 다르고 주력상품이 다르므로 담당자가 숙지하지 못하는 경우가 많습니다.

▫ **은행마다 한도가 다를 수 있음을 인지하자!**

시기별, 지점별, 보증상품 여부에 따라 한도와 금리가 달라지는 것은 누구도 부인할 수 없는 사실입니다. 거절됐다고 상심하지 말고, 찾았을 때의 기쁜 마음을 생각하며 다시 시도해 보세요. 상품에 대한 거절이 사람에 대한 거절은 아닙니다.

*은행 방문하여 대출 한도를 알아보기 위해 필요 서류 및 방법은 '3부 주거래 은행의 함정과 오프라인 금리 비교 방법(94~100p)'을 참고하세요.

3년만 기다려 주세요 (원금 상환유예)

    코로나19 발생으로 예기치 못한 상황으로 환경이 바뀌면서 모두가 쉽게 적응하지 못했습니다. 늘 마스크를 쓰고 다녀야 했고, 식당 출입 시 백신 미접종자는 출입이 제한됐죠. 게다가 직장인은 재택근무로 전환되고, 자영업은 그 여파로 손님이 줄었으며 이동 제한 때문에 근무 시간까지 단축해야 했습니다. 이러한 환경 변화는 재정적으로도 많은 불안을 초래합니다.

    이같은 변화로 경제적 어려움이 생기는 경우 일반인들이 대처하기란 쉽지 않습니다. 우리가 선택할 수 있는 대안을 여러 개 알고 있다면 도움이 되겠죠. 실직, 폐업, 소득 감소, 기타 사유로 대출 기한 안에 금전적으로 상환이 어려울 때 원금 상환을 유예해 주는 제도가 있습니다. 물론 총 납입해야 하는 이자 금액을 단순 계산 시 원금과 이자를 같이 상환해야 유리합니다. 하지만 이자만 상환해야 한다면 납부 금액이 현저히 줄어 부담을 줄일 수 있습니다.

122

담보대출 예시			신용대출 예시		
3억 원 금리 4.5%	30년 원리금 상환 시 납부 금액	이자만 납부 시 납부 금액	5천만 원 금리 4.5%	3년 원리금 상환 시 납부 금액	이자만 납부 시 납부 금액
	1,520,056원	1,125,000원		1,487,346원	187,500원

주택금융공사 상품 기준		
대상 고객	실직, 폐업	신청일 현재 실직(휴직), 폐업(휴업)한 경우
	소득 감소	부부 합산 소득이 20% 이상 감소한 경우
	기타 사유	• 본인 또는 가족*의 질병·상해 등으로 인해 의료비 지출 규모가 부부 합산 연 소득의 10%를 초과하는 경우 • 「재난적의료비지원에 관한 법률」에 따라 재난적 의료비 지급 결정 통보서를 받은 경우 • 가족의 사망 • 본인 또는 가족이 장애인이 된 경우 • 본인 또는 가족 거주 주택에 재난의 피해를 입은 경우 • 본인이 이혼한 경우 • 실직(휴직), 폐업(휴업) 시점이 원금 상환유예 신청일로부터 최근 3년 이내인 경우로 한정 • 기타 사유는 최근 1년 이내에 사유가 발생한 경우로 한정
	유예 횟수	대출 건별로 대출 기간 중 총합산 3회
	유예 기간	대출 건별로 대출 기간 중 총합산 3년 이내(단 각 회차 유예 기간은 최대 1년을 넘을 수 없음) 단 특별재난지역 지정과 관련된 재난의 피해를 입은 경우에는 매 재난 시 3년간 추가 이용 가능

제외 계좌	처분조건부 대출로서 주택 미처분 계좌 유예 이후 채무자가 개인채무자회생, 개인파산, 신용회복절차를 신청한 경우*
	제삼자 경매 등 연체 외 사유로 인하여 기한의 이익 상실된 계좌
	처분조건부대출: 대출실행 당시 1주택자로서 기존주택을 일정 기간 내 처분하는 것을 조건으로 받은 공사 대출
	기한의 이익 상실: 채권자(공사)가 대출 만기 전에 대출금 전액에 대하여 즉시 상환을 요구할 수 있는 권리를 가짐
유예 방법	대출 만기는 약정서상 만기를 유지하며, 유예된 원금은 잔여기간 중 상환 방식에 따라 일정 비율로 나누어 상환 스케줄상 금액 조정
신청 방법	(온라인) 공사 홈페이지 인터넷금융서비스 또는 스마트주택금융 앱 (오프라인) 관할지사 방문 등

*주택금융공사 상품이 아닌 일반 시중은행 상품인 경우에도 해당 금융사에 문의해 보기를 바랍니다.
*원금 상환유예 제도 사용은 연체로 등록되는 것이 아니며 타 금융사 거래 시 불이익을 받지 않습니다.

원금 상환유예는 채무조정제도의 하나로 채무조정제도에는 '원금 상환유예', '만기연장', '분할상환으로 대환' 등을 지원하여 대출 정상화에 도움이 되는 제도입니다. 금융위원회, 금융감독원 및 지휘하에 일시적 위기에 처한 소상공인, 중소기업에 대한 지원이 주기적으로 있습니다.

금융위원회, 금융감독원 및 全 금융권(협회)은 2020년 4월부터 코로나19로 인해 어려운 자영업자, 중소기업을 위해 대출 만기연장 및 원금 이자에 대한 상환 유예제도를 시행해 왔습니다. 다음 2022년 9월에 보

* 신용회복위원회 홈페이지(www.ccrs.or.kr) [회생관련], [파산관련]에서 더 자세히 확인 가능

도된 금융위원회의 '만기연장·상환유예 조치 연장 및 연착륙 지원방안' 보도자료를 참고하여, 대상자이거나 현재 자금 사정이 여유롭지 않은 경우 신청해 보세요.

보 도 자 료

다시 도약하는 대한민국
함께 잘사는 국민의 나라

만기연장·상환유예 조치 연장 및 연착륙 지원방안
만기연장·상환유예 이용 자영업자·중소기업에
최대 3년간의 만기연장, 최대 1년간의 상환유예를 지원합니다.

'만기연장·상환유예 조치 연장 및 연착륙 지원방안'

출처: 금융위원회 보도자료

만기연장·상환유예 주요 개요	
지원 대상	코로나19로 직·간접적 피해가 발생한 중소기업·소상공인으로서, 원리금 연체, 자본잠식, 폐업 등 부실이 없는 경우
지원 내용	• 신청일로부터 최소 6개월 이상 대출 원금 만기연장 • 원리금 분할상환 대출의 최소 6개월 이상 원금 상환유예 • 일시상환 또는 원리금 분할상환 대출의 최소 6개월 이상 이자유예

〈지원 조치 요약〉

차주 구분		채무조정을 원하지 않은 경우	1:1 상담 →	채무조정을 원하는 경우
만기연장 이용 중인 차주	124.7조 원 (53.4만 명)	최대 3년간 만기연장 추가 지원 (금융권 자율 협약 전환)	차주가 희망할 경우, 새출발기금, 금융회사 자체 채무조정 프로그램(예: 개인사업자 119 등) 등으로 연계하여 상환 부담 완화	
상환유예 이용 중인 차주	16.7조 원 (3.8만 명)	최대 1년간 상환유예 추가 지원		

'만기연장·상환유예 조치 연장 및 연착륙 지원방안' 금융위원회 보도자료

2022.09.27. 참고

전세자금 대출 기초 가이드

경기도 외곽에 사는 민지 씨는 새 직장을 찾았으나 출퇴근 시간이 너무 길어 고민에 빠졌습니다. 직장 근처로 이사를 고려하던 민지 씨는 높은 임차보증금에 부담을 느꼈습니다. 대출에 대해 두려움이 있었지만, 주택도시기금에서 청년들을 위한 혜택이 있다고 하여 은행을 방문했습니다.

은행에서 금리 1.2%의 1억 원 대출이 승인되자 민지 씨는 직장 근처 원룸을 계약했고 새로운 일상에 설레었습니다. 민지 씨는 길게 느껴지던 출퇴근 시간을 줄이고, 직장 생활과 중요한 일에 더욱 집중할 기회를 얻었습니다.

우리가 보통 전월세를 구할 때 공인중개사를 통해 집을 살펴보죠? 그리고 생각보다 높은 임차보증금에 전세자금 대출을 고려하는 경우가 많습니다. 이때 공인중개사에게 물어봐도 속 시원한 답변을 듣진 못합니다. 전문 분야가 아니니 당연한 일이겠죠. 전세자금 대출은 한국주택금융공사(HF), 주택도시보증공사(HUG), 서울보증보험(SGI)에서 담보(보증서)를 제공하여 대출이 실행되는 상품입니다. 그리고 주택도시기금*에서 운용하는 서민들을 위한 전세자금 대출은, 공인중개사와 협약된 대출 담당자가 상품 취급이 불가한 경우가 많으므로, 주택도시기금 홈페이지나 은행에 방문하여 문의 상담하는 것이 수월합니다.

주택도시기금 관련 상품 이용 확인

①주택도시기금의 개인 상품 중 전월세보증금 대출

상품명	중소기업 취업청년 전월세보증금대출	청년전용 보증부월세대출	청년전용 버팀목전세자금
대출 대상	부부 합산 연 소득 5천만 원 이하(외벌이 3,500만 원 이하) 순자산 가액 3.61억 원 이하 무주택 세대주 (예비 세대주 포함) 만 19세 이상~만 34세 이하 청년(복무기간에 비례 최대 만 39세까지 연장)	부부 합산 연 소득 5천만 원 이하, 순자산 가액 3.61억 원 이하 무주택 단독 세대주(예비 세대주 포함) 만 19세 이상~만 34세 이하 청년	부부 합산 연 소득 5천만 원 이하, 순자산 가액 3.61억 원 이하 무주택 세대주(예비 세대주 포함) 만 19세 이상~만 34세 이하의 세대주(예비 세대주 포함)
대출금리	연 1.2%	(보증금) 연 1.3% (월세금) 연 0%(20만 원 한도), 1.0%(20만 원 초과)	연 1.5%~2.1%

* nhuf.molit.go.k

대출 한도	최대 1억 원 이내	(보증금) 최대 3,500만 원 이내 (월세금) 최대 1,200만 원 (월 50만 원 이내)	최대 2억 원 이내(임차보증금의 80% 이내)
대출 기간	최초 2년 (4회 연장, 치장 10년 이용 가능)	25개월 (4회 연장, 최장 10년 5개월 이용 가능)	최초 2년 (4회 연장, 최장 10년 이용 가능)

②주택도시기금의 개인 상품 중 전월세보증금 대출

상품명	비정상거처 이주지원 버팀목 전세자금	전세피해 임차인 버팀목전세자금	주거안정 월세대출
대출 대상	비정상거처에 신청일 현재 3개월 이상 거주 중인 무주택 세대주	부부 합산 연 소득 7천만 원 이하, 순자산 가액 5.06억 원 이하 무주택 세대주 전세피해주택의 보증금이 5억 원 이하이며, 보증금의 30% 이상을 피해 본 자	(우대형) 취업준비생, 희망키움통장 가입자, 근로장려금 수급자, 사회초년생, 자녀장려금 수급자, 주거급여수급자 (일반형) 부부 합산 연 소득 5천만 원 이하로, 우대형에 해당하지 않는 경우 (공통) 부부 합산 순자산 가액 3.61억 원 이하
대출금리	무이자	연 1.2%~2.1%	(우대형) 연 1.0% (일반형) 연 1.5%
대출 한도	보증금 50만 원	2.4억 원 이내	최대 960만 원 (월 40만 원 이내)
대출 기간	2년 9회 연장, 최장 20년 이용 가능	2년 4회 연장 (최장 10년 이용 가능)	2년 (4회 연장, 최장 10년 이용 가능)

③주택도시기금의 개인 상품 중 전월세보증금 대출

상품명	신혼부부전용 전세자금	버팀목 전세자금	갱신만료 임차인 지원 버팀목전세자금	노후고시원 거주자 주거이전 대출
대출 대상	부부 합산 연 소득 6천만 원 이하, 순자산 가액 3.61억 원 이하 무주택 세대주 신혼부부 (혼인 기간 7년 이내 또는 3개월 이내 결혼예정자)	부부 합산 연 소득 5천만 원 이하 순자산 가액 3.61억 원 이하 무주택 세대주	버팀목전세자금 (신혼부부전용, 청년전용, 중소기업취업청년 전월세보증금 포함) 대출을 이용 중인 자로서 '20.8.1~'21.7.31 갱신요구권 기행사 후 동일 임차목적물에 보증 금액을 증액하여 갱신 계약을 체결한 세대주	스프링클러를 미설치한 노후고시원에 3개월 이상 거주 중인 연소득 4천만 원 이하, 순자산 가액 3.61억 원 이하 무주택 세대주
대출 금리	연 1.2%~연 2.1%	연 1.8%~2.4%	신청 자격에 따른 금리 적용	연 1.8%
대출 한도	수도권 3억 원, 수도권 외 2억 원 이내(임차보증금의 80% 이내)	수도권 1.2억 원, 수도권 외 0.8억 원 이내	수도권 4.5억 원, 수도권 외 2.5억 원 이내	보증금 최대 5천만 원
대출 기간	2년 (4회 연장, 최장 10년 이용 가능)	2년 (4회 연장, 최장 10년 이용 가능)	2년 (최초 취급된 대출 계좌의 최종만기일 이내에서 운용)	2년 (4회 연장, 최장 10년 이용 가능)

[신청 방법]

-온라인: 기금e든든 홈페이지(https://enhuf.molit.go.kr)에서 가능

-은행 방문 신청: 기금 수탁은행인 우리, 신한, 국민, 농협, 기업은행에서 가능(*이용 가능 지점은 은행 상황에 따라 다를 수 있음)

☎궁금할 때 전화해서 물어보세요!

□ 주택도시 보증 공사 콜센터(주택도시기금 관련 상담 ☎1566-9009)
□ 주택도시기금 수탁기관 은행
-우리은행(☎1599-0800)
-KB국민은행(☎1599-1771)
-IBK 기업은행(☎1566-2566)
-농협은행(☎1588-2100)
-신한은행(☎1599-8000)

[주택도시기금 업무처리 절차]

① **대출 조건 확인:** 기금 포털 또는 은행 상담을 통해 대출 기본 정보 확인

② **대출 신청:** 주택도시보증공사 기금e든든 또는 은행 방문 신청

③ **자산심사(HUG):** 자산 정보 수집 후 심사

기금 상품은 서민들을 위한 상품이니 자산을 일정 부분 초과하는 경우 이용이 제한됩니다. 대출 실행 전 자산 초과 시 대출 거절, 대출 실행 후 자산 초과 시 가산금리가 부과될 수 있습니다.

④ **자산심사 결과 정보 송신(HUG):** 대출 신청 시 기입한 신청자 휴대전화 번호로 SMS 결과 발송

⑤ **서류 제출 및 추가심사 진행(수탁은행):** 은행 영업점에 필요 서류 제출 소득심사, 담보물 심사

⑥ **대출 승인 및 실행:** 대출 가능 여부 및 대출 한도 확인

대출 종류별 자산 기준 금액	
구분	자산 기준
구입 자금	부부 합산 <u>순자산 5.06억 원</u> 이하 (통계청 가계금융복지조사상 소득 4분위 가구의 순자산 평균)
전월세 자금	부부 합산 <u>순자산 3.61억 원</u> 이하 (통계청 가계금융복지조사상 소득 3분위 가구의 순자산 평균)

*자산 기준은 매년 통계청에서 발표하는 가계금융복지조사 결과에 따라 연동

시중은행(보증상품 포함) 은행 이용 확인

2023년 9월 기준, 전세자금 대출을 받을 수 있는 최대 금액은 5억 원 이내, 전세보증금의 최대 80% 이내에서 가능했습니다(전세권설정 전세자금 대출은 별도). 전세자금 대출은 주택 시세 변동이나 사회적 분위기로 인한 상품 변경이 있을 수 있습니다. 그러니 은행에 방문해 확인해도 되고, 공인중개사에게 대출 상담사를 소개받아 상담받을 수 있습니다.

이때 큰 규칙은 같지만 세부 규정은 은행마다 약간의 차이가 있으니 금리 비교뿐 아니라 세부 사항을 확인할 때는 한 명의 담당자보다 여러 담당자에게 확인하는 게 좋습니다. 일반 전세자금 상품은 금리 비교 사

이트를 활용하면 편합니다.

시중은행 전세자금 대출 비교(*2023년 9월 기준)

상품명	한국주택 금융공사(HF)	주택도시 보증공사(HUG)	서울보증보험(SGI)
대출 대상	2억 2,200만 원 (임차보증금 80% 이내)	최대 4억 원, 지방 3.2억 원(임차보증금 80% 이내)	최대 5억 원 (임차보증금 80% 이내)
임차 보증금 한도	7억 원 이하 (서울, 경기, 인천 이외 소재 가구는 5억 원 이하)	수도권 7억 원, 지방 5억 원 이하	제한 없음
소득 제한	제한 없음	제한 없음	제한 없음
대상 주택	모든 주택 (공부상 주택)	아파트, 다세대, 연립, 주거용 오피스텔, 단독, 다가구	아파트, 다세대, 연립, 주거용 오피스텔

건들지 마! 내 보증금! (전세금 반환보증보험)

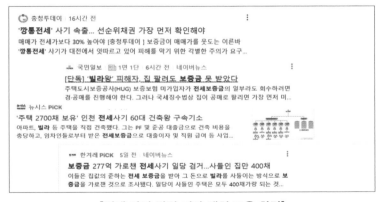

[전세 사기 관련 기사 캡처 모음 화면]

'깡통 전세', '전세 사기', '빌라왕 피해 속출'

지난 2021년부터 각종 언론 매체에서 빠지지 않는 타이틀입니다. 이런 기사를 접할 때마다 등골이 오싹해지기도 하죠. "혹시 내가 사는 집도 역전세가 나서 보증금을 돌려받지 못하면 어떡하지?", "내년에 이사

예정인데 보증금을 늦게 받으면 안 되는데….", "안 쓰고 안 먹고 아낀 전세보증금인데 혹시…?" 숱한 불안에 걱정만 쌓이게 됩니다. 하지만 그런 걱정에 대비하기 위해 가입할 수 있는 세 가지 보험이 있다는 걸 아시나요?

1. 전세 지킴 보증 (한국주택금융공사 상품)
2. 전세금 보장신용보험 (서울보증보험 상품)
3. 전세보증금 반환보증 (주택도시보증공사 상품)

세 가지 중 하나를 선택해 가입할 수 있는 이 보험들은, 전세가 만료되는 시점에 다른 계획이 있어 정해진 기간에 보증금을 돌려받아야 할 때 검토해 볼 만합니다.

	주택도시보증공사 (HUG)	한국주택금융공사(HF)	서울보증보험(SGI)
보증 금액	수도권 7억 이하, 그 외 지역 5억 이하	수도권 7억 이하, 그 외 지역 5억 이하	아파트 제한 없음 그 외 주택 10억 이내
보증 대상	아파트, 주거용 오피스텔, 단독/다가구, 연립/다세대	주택금융공사 보증을 받아 전세금 대출받은 사용자	아파트, 주거용 오피스텔, 단독/다가구, 연립/다세대
신청 기한	전세 계약 기간 1/2 지나기 전	전세 계약 기간 1/2 지나기 전	계약일로부터 10개월 이내 (전세 계약 2년 기준)
보증료	연 0.115~0.154%	연 0.02~0.04%	연 0.183~0.273%

(*2023년 3월 기준)

전세 지킴 보증(주택금융공사 상품)

보증 대상 모두 충족	① 공사 전세자금보증을 이용 중이거나 전세 지킴 보증과 전세 자금 보증을 동시에 신청한 자 ② 계약 기간이 1년 이상인 임대차계약을 '20.4.1. 이후에 체결한 자 ③ 보증 가입 즉시 대항력(전입 및 점유)과 우선변제권(확정일자 취득)을 갖출 것 ④ 임차보증금에 압류, 가압류 등 권리 제한이 없을 것 ⑤ 개인 임대인은 대한민국 국민이어야 하며, 법인 임대인은 공공임대 주택사업자 및 외국 법인이 아니면서 회생절차 등이 진행 중이지 않아야 함
보증 대상 목적물	① 부동산등기사항 전부 증명서의 발급이 가능할 것 ② 공사가 정하는 방법에 따라 산정한 주택 가격이 12억 원 이하일 것 ③ 신탁 등기된 목적물의 경우 임대 권한이 있는 수탁자와 임대차계약을 체결할 것 ④ 건물 및 토지의 소유권에 권리침해(가압류, 가처분, 경매 등)가 없을 것
타 세대 전입	아파트 등 집합건물은 원칙적으로 타 세대 전입 시 취급 불가
보증 신청 시기	임대차 계약 기간의 1/2이 경과하기 전까지 서류 제출, 다음의 서류를 필수로 제출 ① 인적/본인 확인 관련: 주민등록등본, 신분증 ② 임대차계약 확인 관련: 확정일자부 임대차계약서, 전입세대열람표
보증 한도 아래 ①, ② 중 적은 금액 (2023.5.1 이전 접수건까지 적용)	① 지역별 보증 한도: 7억 원(서울/경기/인천 이외 지역은 5억 원) ② 보증목적물별 보증 한도: 주택 가격 – 선순위채권 총 (선순위근저당권설정액과 선순위임대차보증금의 합) 주택 유형 선순위채권 제한 단독, 다가구 선순위 채권총액은 주택 가격 이내, 선순위근저당권설정액은 주택 가격의 70% 이내 단독, 다가구 외선순위채권 총액은 주택 가격의 70% 이내
보증료율	우대가구 여부 등에 따라 연 0.02% ~ 0.04% 차등 적용

임차보증금 반환 청구 ①의 사유 발생 시 공사에 사전 신고 후 ②, ③을 모두 충족한 때에 청구	① 임대차계약의 해지 또는 종료 후 1개월이 지나도록 임차보증금을 반환받지 못하거나 보증목적물의 경·공매 종료 후 임차보증금의 전부 또는 일부를 배당받지 못한 때 ② 임차권등기명령 신청접수(경·공매로 임차권이 소멸된 경우 제외) ③ 임차보증금반환채권을 공사에게 양도, 전세권을 공사에 이전(전세권을 설정한 경우)
임차보증금 지급 시점	임차목적물 점유이전(이사) 시 지급

전세 지킴 보증 일부 변경(실행일 2023. 5. 1)

보증 한도 변경 (임차보증금이 해당 금액 이하인 경우 신청 가능)	기존: 주택 가격 – 선순위채권총액* *선순위채권총액: 선순위근저당권설정액과 선순위임대차보증금의 합 변경: 주택 가격의 90% – 선순위채권총액
주택 가격 적용 기준 ① → ② → ③ 순차 적용	**아파트** ① 한국부동산원 시세 또는 KB부동산시세 ② 국토교통부 공동주택 공시가격의 140% ③ 분양가액의 90%(300세대 이상으로 최초 소유권 이전 등기일로부터 6개월 이내) ④ 최근 3개월 이내 감정평가액 **연립, 다세대, 노인복지주택** ① 한국부동산원 시세 또는 KB부동산시세 ② 국토교통부 공동주택 공시가격의 140% ③ 최근 3개월 이내 감정평가액의 90%(노인복지주택은 100%) *연립·다세대주택의 경우 감정평가액의 90%를 주택 가격으로 적용 **단독·다가구 주택** ① 한국부동산원 시세 ② 국토교통부 개별 단독주택 공시가격의 140% ③ 최근 3개월 이내 감정평가액 **주거용 오피스텔** ① 한국부동산원 시세 또는 KB부동산시세 ② 국세청 고시가액의 140% ③ 최근 6개월 이내 매매 거래가액 ④ 국토교통부 공시지가(토지)와 지방세 시가표준액(건물)을 합산한 금액의 140% ⑤ 최근 3개월 이내 감정평가액

※위 내용은 주택금융공사 홈페이지(www.hf.go.kr)를 참조했으며 내용은 변경될 수 있으니 가입 전 확인하기를 바랍니다.

전세금 보장신용보험(서울보증보험 상품)

가입 대상 임대차계약	임대차 기간이 1년 이상이면서 임대차 계약 기간의 2분의 1이 지나지 않은 임대차계약 (24개월 초과 임대차계약의 경우 12개월이 지나지 않은 임대차계약) ※ 법인의 경우 전세권 설정 필요
보험계약자	임대차계약서상의 임차인
피보험자	임대차계약서상의 임차인
가입 금액	임대차계약서상의 임차보증금 전액 ※ 아파트 이외의 주택은 임차보증금 10억 원 이내 ※ 공동임차인의 경우 임대차계약서에 명시된 본인 부담 임차보증금(전액)만 가입 가능
보험기간	임대차 기간
보험료율	아파트 [전세금보장(개인용)]: 연 0.183% 기타 주택 [전세금보장(개인용)]: 연 0.208% 아파트[전세금보장(법인용)]: 연 0.240% 기타 주택 [전세금보장(법인용)]: 연 0.273% ※ 법인의 경우 전세권설정특별약관 적용 시 할인율 42% 적용
보증 내용	임대차계약서상의 임차인인 보험계약자가 다음과 같은 사유가 발생하여 부담하는 손해 ① 임대차계약이 해지 또는 종료되었음에도 불구하고 임차보증금을 반환받지 못하는 경우 ② 임차목적물에 대하여 경매 또는 공매 절차가 개시되어 계약자가 배당절차에 참가하여 배당요구를 하였으나 임차보증금을 반환받지 못한 경우
준비 서류	• 부동산 중개업소에서 작성하고, 확정일자를 받은 임대차계약서 사본 • 임차목적물의 토지, 건물 부동산등기사항증명서 • 전입신고를 마친 임차인의 주민등록등본(또는 초본) • 임대차사실확인서 및 전입세대열람원(단독주택, 다가구주택 또는 주택 일부 임차 시) • 보험계약 인수 질문서 • 채권양도약정서를 포함한 계약 관련 서류(SGI서울보증 양식을 따름)

가입 제한 요건 가입 제한 요건	(공통) ㅇ 임차 물건의 등기부등본에 압류, 가압류, 가처분, 가등기, 　경매신청 등 임대인의 소유권 행사에 제한사항이 있는 경우 ㅇ 토지와 건물의 소유주가 다른 경우 ㅇ 임차 물건이 등기되지 않은 경우 　(단, 신규 분양아파트의 경우 건물만 등기된 경우는 가능) ㅇ 전세금보장신용보험에 이미 가입된 임대차계약의 경우 ㅇ 임대인이 보험계약 규제자(금융회사 신용관리대상자)인 경우 ㅇ 임대인이 주택건설업체(임대주택업체)인 경우 ㅇ 전전세(전대차)로 체결한 임대차계약의 경우 ㅇ 임대인이 여러 개의 증권을 발급받는 데 제한이 있는 경우 ㅇ 임대차계약의 묵시적 갱신이 이루어진 경우
	전세금보장신용보험(개인용)인 경우 ㅇ 임차인이 개인이면서 주택임대차보호법 제3조의2 제7항에서 　정한'금융기관을 제외한 제삼자에게 임차보증금반환채권을 　양도한 경우 　* 시중은행(중소기업은행, 한국산업은행, 농협은행, 수협은행 　　포함), 우체국, 한국주택금융공사, 주택도시보증공사 ㅇ 임대인이 법인인 경우
주택 가격 적용 기준 ① → ② → ③ 순차적으로 적용	(공통) 청약일 기준 1년 이내에 감정평가 금액이 있으면 감정평가 　금액 최우선 적용
	아파트 ① MIN[국토교통부 실거래가 동일단지 · 동일 면적 기준 최근 　월평균(rt.molit.go.kr), 각 인터넷 평균 시세*(KB부동산, 　부동산테크, 부동산114)] 　* 상한가 및 하한가 합계액의 1/2 ② 국토교통부 부동산공시가격알리미 공동주택 가격의 　130%(www.realtyprice.kr) ③ 분양 가격의 90%(청약일 기준 1년 이내 준공 주택) **오피스텔** ① MIN[국토교통부 실거래가 동일단지 · 동일 면적 기준 최근 　월평균(rt.molit.go.kr)의 80%, 각 인터넷 평균 시세*(KB부동산, 　부동산테크, 부동산114)의 70%] 　* 상한가 및 하한가 합계액의 1/2 ② 분양 가격의 80%(청약일 기준 1년 이내 준공 오피스텔) **연립, 다세대, 도시형생활주택** ① 국토교통부 실거래가 동일단지 · 동일 면적 기준 최근 　월평균(rt.molit.go.kr)의 80% ② 국토교통부 부동산공시가격알리미 공동주택 가격의 　130%(www.realtyprice.kr) ③ 분양 가격의 80%(청약일 기준 1년 이내 준공 주택)

단독, 다가구
① 청약일 기준 최근 1년 이내 매매가격(부동산등기부등본 확인) ② 국토교통부 부동산공시가격알리미 개별 단독 주택 가격의 130% ③ 임대차계약을 중개한 공인중개사 시세 확인서(SGI 서울보증 양식)

※위 내용은 서울보증보험 홈페이지*를 참조했으며 내용은 변경될 수 있으니 가입 전 확인하기를 바랍니다.

전세금 보증금 반환보증(주택도시보증공사 상품)

보증신청 기한	신규 전세계약의 경우 전세계약서상 잔금지급일과 전입신고일 중 늦은 날로부터 전세계약 기간의 1/2 경과하기 전 갱신 전세계약의 경우 갱신 전세계약서상 전세계약 기간의 1/2 경과하기 전
보증 대상 주택	단독. 다가구, 다중, 연립. 다세대주택, 노인복지주택, 주거용 오피스텔, 아파트 ※ 주거용 오피스텔의 경우 전세계약서 또는 중개대상물 확인설명서에 주거용 표기가 있어야 합니다. ※ 공관, 가정어린이집, 공동생활가정, 지역아동센터, 근린생활시설 등은 보증 대상 주택이 아닙니다.
보증채권자 (보증신청인)	전세계약서상의 임차인 ※ 개인, 법인, 외국인도 보증가입이 가능합니다. 　단, 중소기업이 아닌 법인의 경우 전세권을 공사에 이전하는 조건으로 가입 가능합니다.
보증 금액	보증 한도 내에서 보증신청인이 신청한 금액
보증 한도	주택 가격 − 선순위채권 등 ※ 선순위채권 등: 보증신청인의 전세보증금보다 우선변제권이 인정되는 담보채권 ☞ 등기부등본의 을구의 근저당금액과 등기일자를 확인해 주세요. − 단독, 다중, 다가구주택의 경우에는 보증신청인보다 우선하는 다른 세입자들의 선순위 전세보증금의 합계를 포함

* 　www.sgic.co.kr

보증 조건	신청하려는 주택에 거주하면서 전입신고와 확정일자를 받았을 것 전세보증금과 선순위채권을 더한 금액이 주택 가격 이내일 것 ex) — 전세보증금 5억, 선순위채권2억, 주택 가격 6억인 경우: 　전세보증금 5억 + 선순위채권 2억 〉 주택 가격 6억 ▶ 가입 불가 — 전세보증금 6억, 선순위채권 0원, 주택 가격 6억인 경우: 　전세보증금 6억 = 주택 가격 6억 ▶ 가입 가능 — 전세보증금 7억, 선순위채권 0원, 주택 가격 6억인 경우: 　전세보증금 7억 〉 주택 가격 6억 ▶ 가입 불가
등기부등본상 확인 사항	① 보증발급일 기준 주택 소유권에 대한 권리 침해 사항(경매신청, 압류, 가압류, 가처분, 가등기 등)이 없을 것 ☞ 등기부등본의 갑구를 확인 ② 선순위채권이 주택 가격의 60% 이내일 것 ☞ 등기부등본의 을구를 확인 ③ 주택의 건물과 토지(대지권)가 모두 임대인의 소유일 것
전입세대 열람내역서 확인 사항	보증신청일 현재 타 세대 전입 내역이 없을 것(단독, 다가구, 다중주택 제외).
전세계약서상 확인 사항	① 전세계약 기간이 1년 이상일 것 ② 공인중개사를 통해 체결(날인)한 전세계약서일 것 　※ 기존 계약 시 공인중개사를 통해 전세 계약을 체결했다면 　　갱신 전세 계약은 공인중개사를 통해 체결한 전세계약서가 　　아니어도 가입할 수 있습니다. ③ 전세보증금액이 수도권 7억 이하, 그 외 지역 5억 원 이하일 것 ④ 전세보증금반환채권의 담보 및 양도를 금지하는 특약이 없을 것
건축물대장 확인 사항	건축물대장상 위반건축물로 기재되어 있지 않을 것(아파트 제외)

단독, 다중, 다가구주택의 경우 추가 확인 사항	• 선순위채권과 다른 세입자들의 선순위 보증 금액을 합한 금액이
	• 주택 가격의 80% 이내일 것
	• 전세권이 설정된 경우 말소 또는 공사로 전세권을 이전할 것
	  중소기업이 아닌 법인임차인의 경우 전세권을 이전해야 가입
	  가능합니다.
	• 질권설정 또는 채권양도 통지된 전세대출을 받지 않았을 것
	  신용대출은 보증가입이 가능합니다. ☞ 대출받은 은행에 확인
	• 임대인이 공사의 보증금지대상자가 아닐 것

위탁 금융기관	신한, 국민, 우리, 광주, KEB하나, IBK기업, NH농협, 경남, 수협, 대구은행, 우리은행, 국민은행은 해당 은행 모바일 앱을 통해 보증가입 가능 네이버부동산, 카카오페이 및 KB국민카드에서 비대면으로 가입 가능

주택 가격 산정 기준	**아파트, 오피스텔 및 노인복지주택**
	① KB시세 (onland.kbstar.com)
	② 한국부동산원 부동산테크 시세 (www.rtech.or.kr)
	  상기 두 가지 산정기준 중 선택 적용(상한가 · 하한가의
	  산술평균 적용, 아파트 최저층, 주거용 오피스텔은 하한가 적용)
	
	연립/다세대
	① 국토교통부장관이 공시하는 공동주택 가격의 140%에 해당하는
	  금액 (www.realtyprice.kr)
	② 해당 세대의 등기부등본상 1년 이내의 최근 매매 거래가액
	③ 토지 공시지가와 건물 시가표준액을 합산하여 전체 연면적
	  대비 해당 세대 연 면적 비율로 산출한 금액의 140%에
	  해당하는 금액
	  토지공시가격 확인: 부동산공시가격 알리미
	  (www.realtyprice.kr) → 개별공시지가 → 개별공시지가×
	  등기부상 토지 면적
	  건물 시가표준액 확인 : 유선으로 관할지자체(구청
	  등) 해당과(세무과 등)에 확인 또는 임대인으로부터
	  취득세납부확인서 징구
	
	단독 · 다중 · 다가구
	① 해당 주택의 등기부등본상 1년 이내의 최근 매매 거래가액
	② 국토교통부장관이 공시하는 개별 단독 주택 가격의 140%에
	  해당하는 금액
	  공시가격 확인: 부동산공시가격 알리미 (www.realtyprice.kr)
	  개별 단독 주택 공시가격 – 해당 시 · 군 · 구청 홈페이지 열람
	  구

	③ 토지 공시지가와 건물 시가표준액을 합산하여 산출한 금액의 140%에 해당하는 금액 토지공시가격 확인: 부동산공시가격 알리미 (www.realtyprice.kr) → 개별공시지가 → 개별공시지가 × 등기부상 토지 면적 건물 시가표준액 확인: 유선으로 관할지자체(구청 등) 해당과(세무과 등)에 확인 또는 임대인으로부터 취득세납부확인서 징
감정평가서 이용 시	보증신청인이 감정평가수수료를 부담하는 경우 감정평가서 금액 우선 적용 한국감정평가사협회에 가입된 감정평가법인 및 감정평가사무소 중공사에서 선정한 감정평가기관 ※ 공사 선정 감정평가기관은 'HUG 선정 감정평가기관'에서 확인 가능합니다.
보증료	보증료: 보증 금액×보증료율×전세계약 기간/365 2억 원 초과 주택 예시(2억 원 이하 홈페이지 확인) 주택 유형 아파트 부채비율 80% 이하 연 0.122%, 80% 초과 연 0.128% 단독, 다중, 다가구 부채비율 80% 이하 연 0.128%, 80% 초과 연 0.154% 기타 부채비율 80% 이하 연 0.146%, 80% 초과 연 0.154%
신청 방법	① 지사 또는 위탁은행 방문 신청 ② 모바일 신청 　–네이버부동산 〉 금융상품 〉 전세보증금반환보증 　–카카오페이 〉 간편보험 〉 전세보증금반환보증 　–KB국민카드 〉 국카몰app 〉 라이프샵 〉 전세보증 ③ 모바일 보증 신청 　–공사 모바일보증 앱에서 이용 가능 (모바일HUG)

※위 내용은 주택도시보증공사 홈페이지*를 참조했으며 내용은 변경될 수 있으니 가입 전 확인하기를 바랍니다.

---

* www.khug.or.k

무조건 써야 하는 정책모기지

정책모기지를 아시나요? 정책모기지란 '정책'과 '모기지(Mortgage: 주택담보대출)'의 합성어로, 정책 목적(실수요자 지원, 시장구조 개선 등) 달성을 위해 공적 재원 등을 기반으로 시중은행보다 저금리로 제공하는 주택담보대출을 말합니다. 공적 재원으로 투입되니 아무래도 시중은행 상품보다 유리할 수 있습니다.

가장 큰 장점은 만기 시까지 고정금리, DSR을 산정하지 않는다는 것입니다. 한마디로 실수요자나 서민들을 위한 상품이라고 생각하면 됩니다. 정책모기지를 상품으로 취급하려면 은행을 방문하여 상담하거나, 홈페이지 및 앱을 이용하면 됩니다. 정책모기지를 취급할 때 자료가 어디에서 나오는지 출처를 알면 활용하기 편합니다.*

---

* 규정은 변경될 수 있으니 키워드에 해당한다면 홈페이지에서 확인하세요.

주택담보대출	"주택가격 9억 원 이하" "대출 필요 금액 5억 원 이하" "무주택 또는 1주택자"	▶▶▶	주택금융공사
주택담보대출, 전월세보증금	"청년" "신혼부부" "중소기업 재직" "부도임대주택 "	▶▶▶	주택도시기금

한국주택금융공사

[한국주택금융공사 홈페이지 (www.hf.go.kr)]

한국주택금융공사는 2004년 3월 1일, 주택금융 등의 장기적, 안정적 공급을 촉진하여 국민의 복지증진과 국민경제의 발전에 이바지함을 목적으로 출범한 준정부기관입니다. 보금자리론과 적격대출 공급, 주택보증, 유동화증권 발행 등의 업무를 수행함으로써 서민의 주택금융 파트

너 역할을 하고 있습니다.

[취급 상품(주택담보대출)]

① 보금자리론

② 디딤돌대출

③ 적격대출

(참고 출처: 주택금융공사 상품 찾기, 특례보금자리론 세부가이드)

주택도시기금과 주택도시보증공사

주택도시기금은 1972년 「주택건설촉진법」 제정으로 설립된 기금으로, 임대주택 공급 촉진, 주거환경 개선, 도시재생 및 경제 활성화 등 다양한 기대효과가 있습니다.

[주택도시기금 홈페이지(출처: nhuf.molit.go.kr)]

[주택도시보증공사 홈페이지(출처: www.khug.or.kr)]

주택도시보증공사는 주거복지 증진과 도시재생 활성화를 지원하기 위한 각종 보증업무 및 정책사업을 수행합니다. 더불어 주택도시기금의 효율적인 운용 및 관리를 통해 서민 주거 안정을 이끌어가는 공기업입니다.

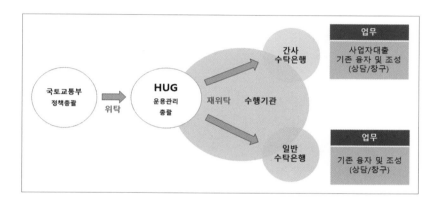

[주택도시보증공사 운영 방식]

[취급 상품]

①개인 상품

중소기업취업청년 전월세 보증금대출 | 청년전용 보증부월세대출 | 청년전용 버팀목전세자금 | 주거안정월세대출 | 신혼부부전용 전세자금 | 노후고시원거주자 주거이전 대출 | 갱신만료 임차인 지원 버팀목 전세자금 | 신혼부부전용 주택구입자금 | 내집마련 디딤돌대출 | 수익공유형모기지 | 손익공유형모기지 | 오피스텔구입자금 | 부도임대주택 경락잔금 | 부도임대주택퇴거자전세자금 등

②기업 상품

민감임대주택 건설, 매입자금 | 사회임대주택 건설, 매입자금 | 다세

대주택건설자금 | 도시형생활주택자금 | 다가구주택건설자금 | 재해주

택복구 및 구입자금 등

주택도시기금 수탁기관 은행

우리은행　　　(☎1599-0800)
KB국민은행　　(☎1599-1771)
IBK기업은행　　(☎1566-2566)
농협은행　　　(☎1588-2100)
신한은행　　　(☎1599-8000)
한국주택도시보증공사 콜센터 (☎1566-9009)

주택 매수 시 대출 잘 받는 방법

여러분은 주택을 매수할 때 대출을 알아보는 순서에 대해 얼마나 알고 계신가요? 다음 소개되는 순서대로 알아보면 충분히 도움이 됩니다.

(A) 정책모기지 상품 → (B) 1금융권 시중은행 상품 → (C) 2금융권 가계 자금 대출 상품

통상 주거래 은행에서 안내받은 대출 조건이 괜찮다면 그대로 진행하면 됩니다. 다만 매매가와 KB시세*가 차이 날 때 상품을 비교해 본인에게 유리한 조건을 찾을 수 있습니다. 은행에서 주택담보대출을 할 때 감정가격 기준은 통상 KB시세 일반가가 기준이며, 매매가격이 낮은 경우 [매매가격, KB시세] 낮은 금액을 기준으로 LTV, DTI, DSR을 산정해 대출이 실행됩니다.

---

* 국민은행에서 부동산 시세를 감정하는 것으로, 금융사에서 대출할 때 감정가격으로 간주. KB시세 갱신 주기는 매주 금요일.

정책모기지 상품

【상품명: 보금자리론, 디딤돌, 적격대출】

앞서 살펴본 정책모기지 상품은 서민과 실수요자들을 위한 공적 재원으로 시중보다 낮은 금리로 대출이 가능해요. 그러니 가급적 우선으로 알아보는 것을 추천합니다. 또 정책모기지와 시중은행 대출 상품이 묶여서 취급할 수 있습니다.

1금융권 시중은행 상품

【상품명: 신한주택대출(신한), 하나아파트론(하나), KB주택담보대출(국민)】

1금융권 시중은행 상품은 9억 원 초과 주택, 1주택 이상일 때 이용할 수 있습니다. 먼저 주거래 은행과 다른 은행을 비교하면 되는데요. 온라인 금리 비교 사이트에 주거래 은행과 타 1금융권 상품이 잘 나와 있으니 비교 후 본인에게 맞는 조건을 선택하면 됩니다. 또한 대출 상환 기간, 한도, 중도 상환 여부에 따라서도 금융사를 선택할 수 있습니다. 모두가 다 좋으면 좋겠지만 경험상 본인이 제일 우선시하는 조건을 먼저 정한 뒤 그 목적에 맞게 상품을 찾는 것이 더 효율적입니다.

> ▫ 장기간 대출을 사용할 경우 ⇨ 금리 낮은 상품 우선 검토
> ▫ 3년 이내에 대환하거나 상환할 경우 ⇨ 중도상환수수료 낮은 상품 우선 검토
> ▫ 자금이 여유롭지 않은 경우 ⇨ 한도 높은 상품 우선 검토

팁을 더 드리자면, 아파트의 경우 1층은 대부분의 금융사에서 KB시세 하위 평균가를 기준으로 LTV, DTI, DSR을 산정해서 대출이 실행됩니다. 1층을 하위 평균가 적용하지 않고 일반가를 기준으로 적용하는 금융사에서 대출을 진행하면 대출을 더 활용할 수 있습니다.

[1층 KB시세 일반가 적용 금융사]: 기업은행, 수협은행, 부산은행, 경남은행, 현대해상

*금융사의 정책은 변경될 수 있으며 동일 금융사도 지점에 따라 다를 수 있으므로 매수 전 확인하세요.

또한 매매가격이 KB시세보다 낮은 경우(예시: 매매가격 4억, KB시세 5억), 매매가격은 낮고 KB시세가 높은 경우 둘 중 낮은 금액을 감정가격으로 하는 게 원칙입니다. 급매로 싸게 물건을 계약했다면 아래 은행은 낮은 금액 기준이 아닌 KB시세로 적용할 수 있습니다.

[매매가격이 낮더라도 KB시세 기준으로 대출 취급이 가능한 금융사]:
- 기업은행, 부산은행, 전북은행, DGB 대구은행, 현대해상, 흥국생명
- 농협은행: KB시세 적용 가능(KB시세×LTV 〈 매매가격)
- KB손해보험: KB시세 적용 가능(단, 둘 중 20% 이상 차이 시 낮은 금액 기준 적용)
- 신한라이프: KB시세 적용 가능(단, 둘 중 20% 이상 차이 시 낮은 금액 기

준 적용)

- 교보생명: KB시세 적용 가능(단, 15% 미만 거래 시 매매가로 기준 적용)

- SC제일: KB시세 적용 가능(단, 10% 이상 차이 시 낮은 금액 기준 적용)

*금융사의 정책은 변경될 수 있으며 동일 금융사도 지점에 따라 다를 수 있으므로 매수 전 확인하세요.

2금융권 시중은행 상품

【상품명: 삼성아파트(삼성화재), 헤아림아파트론 I (농협손해보험), 주택담보대출(신한라이프)】

2금융권 가계 자금 대출 상품은 다음의 경우에 진행하면 좋습니다.

☐ 신용점수가 많이 하락한 경우

☐ 다중채무자로 대출이 거절된 경우

☐ 사업자 상품으로 주택을 매수하려는 경우

이런 경우 단위농협, 신협, 새마을금고 등 2금융권을 활용하면 됩니다. 장점이자 단점은 지점별로 차이가 클 수 있습니다. 그럼 어떻게 나에게 적절한 곳을 찾을 수 있을까요?

1. 대출 담당자들에게 문의하기

▸장점: 시간을 아낄 수 있다.

▸단점: 전국에 상품을 다 알고 있는 대출 담당자는 없다.

담당자들은 거래했던 은행들에만 문의합니다. 여러 담당자에게 의뢰하는 게 유리한 조건을 받을 수 있습니다.

2. 직접 은행에 전화하기

▸장점: 원하는 상품을 조건에 맞출 수 있다.

▸단점: 많은 시간이 소요된다(거절 시 멘탈 잡기).

1금융권은 고객센터에 전화하면 고객센터 직원과 통화 후, 지점 대출 담당자와 통화를 요청해야 합니다. 하지만 단위농협, 신협, 새마을금고 는 지점에 전화하면 바로 통화가 가능하며, 상대적으로 통화가 더 수월 합니다.

그리고 지도 앱(카카오맵, 네이버지도)을 이용해 근처 은행에 전화하는 방법과 해당 금융사 사이트에 들어가서 전화번호를 찾아 문의하는 방법 이 있습니다. 사실 주택 매매 잔금은 취급하는 은행을 쉽게 찾을 수 있어 서 어렵지 않습니다. 하지만 어려운 물건을 해결해야 하는 경우라면 누 구도 자기 자신보다 상품을 잘 찾아주는 사람은 없습니다.

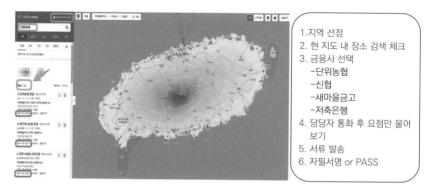

1. 지역 선정
2. 현 지도 내 장소 검색 체크
3. 금융사 선택
   - 단위농협
   - 신협
   - 새마을금고
   - 저축은행
4. 담당자 통화 후 요점만 물어보기
5. 서류 발송
6. 자필서명 or PASS

[지도 앱을 이용해 근처 은행 찾는 방법(출처: 카카오맵 (https://map.kakao.com)]

*농협은행은 1금융권이며, 00농협은 2금융권의 단위농협입니다.

농협, 신협, 새마을금고 홈페이지 방문 ⇨ **지역별 위치 및 검색**

홈페이지에 방문하여 위치 및 번호 검색하는 방법

출처: 신협 홈페이지

4부

고속 달리기

목적지로 가는 속도를
높이는 방법

경매 (경락 잔금) 대출 효율적으로 알아보기

김태호 님은 평범한 회사원이었습니다. 그의 월급은 점점 높아지는 교육비와 물가에 비해 미비하게 상승할 뿐이었죠. 회사에 다니면서 경제적 자유를 꿈꿨지만 이대로는 어렵다고 생각했습니다. 그래서 추가 자금 마련을 위해 퇴근 후 대리운전을 시작했습니다. 게다가 주말에는 배달 아르바이트를 하며 자투리 시간을 허투루 쓰지 않았죠. 그러다가 우연히 인터넷에서 부동산 경매에 관한 이야기를 접했습니다. 그때부터 법원 경매를 통해 남들보다 저렴한 가격에 물건을 살 수 있다는 점에 관심을 가지게 됐죠.

처음에는 부동산 경매 시장에 관한 지식이 없었기에 꾸준히 공부하면서 입찰했습니다. 그리고 경매를 통해 인천 아파트를 낙찰받았습니다. 평균 매물 가격보다 훨씬 싼 가격으로 낙찰받은 것이기에 평균 가격으로 매도해 수익을 챙길 수 있었습니다. 그 경험으로 김태호 님은 부동산 경매 시장에 더욱 매진하게 됐습니다.

그 후 몇 년간 꾸준히 법원경매에서 낙찰받은 부동산을 재판매하거나 임대로 수익을 얻었습니다. 결국 부동산 경매를 통해 부를 축적했고 그의 인생은 완전히 바뀌었습니다. 완전한 경제적 자유를 이룬 것은 아니지만, 과거와는 달리 목표를 조금씩 이루고 있다는 생각으로 늘 유쾌한 마음을 지니게 됐습니다.

경매를 경험해 본 분 중 낙찰된 후 경매장에서 벅찬 마음으로 나올 때 무슨 생각이 드시나요? 저라면 "대출은 어디서 받지?" 하는 생각이 먼저 들 것 같습니다. 법원 경매 잔금 대출을 어느 금융사에서 해결할 수 있을까요? 사실 이런 걱정을 하기도 전에 낙찰이 되면 꽤 많은 대출 관련 명함을 받게 됩니다. 법원에서 대출 관련 명함을 나눠주는 사람이 많다는 건 앞서 언급한 바가 있는데요. 그들은 법원 경매 관련하여 대출을 유리한 조건을 찾아줄 확률이 높습니다. 이와 관련하여 제게 많이 물어보는 질문에 대해 살펴볼까요?

"명함을 받았는데요. 상담사분들은 어디 소속인가요?"
대출모집법인 소속 대출모집인으로 등록되어 있거나, (변호사, 법무사) 회사 사무실에 소속되어 있습니다. 대출모집법인 또는 사무실과 은행이 협약을 맺어 대출이 잘 실행되도록 도와준다고 생각하면 됩니다.

"별도의 수수료를 주어야 하나요?"

대출 실행이 되면 은행에서 대출 상담사에게 수수료를 지급합니다. 다만 은행 내부 규정상 상담사에게 수수료가 지급되지 않는 경우도 있습니다. 이때는 대출 상담사가 업무비 개념으로 추가된 총 법무 비용이 조금 올라갈 수 있습니다.

"여러 금융사에 조회하면 신용점수가 하락하지 않는 건가요?"

여러 담당자에게 서류를 전송하는 것보다는 먼저 담당자에게 원하는 조건이 가능하냐고 물어보세요. 예를 들어 한도 N 억 원 이상 상품, 금리 N % 이하 상품, 중도가 낮은 상품 등 조건을 물었을 때, 가능하다고 답변을 듣고, 관련 서류를 전송하고 금융사에 확답 후 자필서명하면 됩니다.

"자필서명은 언제 해야 하나요?"

원하는 조건을 찾으셨다면 대출 실행에 필요한 서류를 지참하고 은행에 사인하러 가야겠죠? 그렇다면 여유롭게 2~3주 전에 방문하면 됩니다. 이 부분은 담당자와 협의하여 조율할 수 있습니다.

"집 근처 은행 또는 주거래 은행에서 대출을 알아봐도 되나요?"

당연히 가능합니다. 실수요자이며 보금자리론 정책모기지 상품을 희망한다면, 경락잔금을 전문으로 취급하는 금융사보다는 집 근처 은행이나 주거래 은행에서 대출을 실행하는 게 유리합니다.

"원하는 조건을 찾을 수 없어요. 실투자금이 더 들어갈 것 같아 절망

적입니다. 어떻게 하죠?"

본인이 원하는 조건에 대해 먼저 생각해야 합니다. 애초에 안되는 조건으로 찾으셨다면 담당자들의 의견을 수용할 필요가 있습니다. 하지만 어려운 조건을 찾고 있는데 못 찾는 경우라면 대부분 10~20곳에 물었기 때문입니다. 여기서 저는 기준을 조금 더 높이고 싶습니다. 그래서 몇 곳을 알아봐야 하냐고요? 간략히 말해 100곳입니다. 사실 200곳이라고 말하고 싶지만, 100곳을 찾다 보면 오기가 나서 200곳을 채우게 될 것입니다.

은행 직원들이 우리의 의견을 적극 수용하여 원하는 조건을 무조건 맞춰주진 않는다는 것과 은행마다 조건이 다를 수 있다는 것을 인지했다면 계속하세요. 미소 짓는 시간이 반드시 옵니다. 다만 행동해야 합니다. 무조건 열심히 하는 건 성공하는 방법이 아닙니다. 하지만 방향성이 맞는다면 계속할 필요가 있겠죠?

특수물건 대출 은행 찾는 방법

경매 입찰을 하다 보면 경쟁률이 높아 난도가 있는 물건에 도전하는 경우가 생깁니다. 유치권, 법정지상권, 분묘기지권, 선순위 가등기, 선순위 가처분, 지분 입찰, 임차권 등기, 맹지, 위반건축물, 대지권 미등기 등 일반 물건보다는 권리관계상 얽혀 있거나 복잡한 물건들을 특수물건으로 부릅니다.

[탱크옥션 홈페이지에서 특수물건 검색하기 출처: 탱크옥션 www.tankauction.com]

그렇다면 특수물건의 대출은 어디서 물어봐야 할까요? 경·공매 전문으로 하는 대출 담당자에게 물어보니 낙찰받으면 다시 연락 달라는 경우가 많습니다. 그럼 입찰자 입장에서 낙찰받기 전 가능 금액을 확인할 방법은 무엇일까요? 추천하고 싶은 방법은 최근 10년 종결된 사건들의 등기부를 열람하는 방법입니다. 종결된 사건들의 부동산 등기부를 열람하면 어느 은행에서 대출받았는지 확인할 수 있습니다.

[종결된 사건 등기부 열람하는 방법(출처: 탱크옥션 www.tankauction.com)]

[나만의 은행 리스트 만들기]

① (엑셀, 구글 스프레드시트) 문서 활용 또는 수기 작성
② 은행 직원 활용 통화 또는 대출 상담사
③ 나에게 맞는 조건 은행 리스트 관리하기

은행	담당자/번호	주력 취급 상품	지점 대출한도	대출 산정방식	소득 증빙 방법	상환방식	금리	지역제한	특이사항

부동산등기란?

동산(TV, 카메라 등)은 누구의 소유인지 그것을 가지고 있는 사람에 의해 쉽게 알 수 있습니다. 그러나 부동산(토지, 건물 등)은 누가 이것을 점유하고 있는지 알기 어렵습니다. 그래서 국가는 등기부라는 공적 장부를 만들어 놓고 법원 등기관이 부동산의 표시와 그 부동산에 관한 권리관계를 기재하도록 하여 일반인에게 널리 공시합니다.

누구나 등기기록을 열람하거나 등기사항 증명서를 발급받아 보면, 그 부동산의 지번, 지목, 구조, 면적 등 부동산 표시 사항과 소유권, 지상권, 저당권, 전세권, 가압류 등의 권리관계를 자세히 알 수 있습니다. 부동산에 관한 소유권 등의 권리관계가 발생하거나 그 권리가 이전 또는 변경되기 위해서는 등기가 되어야만 그 효력이 생깁니다.

등기부란?

등기부는 부동산에 관한 권리관계 또는 부동산의 현황을 기재하는 장부를 말합니다. 이는 토지등기부와 건물등기부 두 종으로 나뉩니다. 보통 등기부라고 하면 개개의 부동산에 관한 등기용지를 편철한 장부를 뜻하는 것으로 사용됩니다. 그러나 경우에 따라서는 한 필의 토지 또는 한 동의 건물을 위하여 마련된 1등기용지를 등기부라고 하기도 합니다.

[등기부 열람하는 방법(출처: 대법원 인터넷등기소 홈페이지(www.iros.go.kr))**]**

부동산등기의 표제부?

토지는 지번/지목/지적을 기재하고, 건물은 지번/구조/용도/면적 등을 기재합니다. 아파트 등 집합건물은 전체 건물(예: 강남 아파트 1동)에 대한 표제부와 구분된 개개의 건물에 대한 표제부가 따로 있습니다. 토지의 분할이나 지목의 변경 또는 건물 구조의 변경이나 증축 등에 의한 면적 변경도 표제부에 기재됩니다.

등기사항전부증명서(말소사항 포함)
- 집합건물 -

고유번호 1143-1996-

[집합건물] 서울특별시 관악구 신림동

【 표 제 부 】	(1동의 건물의 표시)			
표시번호	접 수	소재지번,건물명칭 및 번호	건 물 내 역	등기원인 및 기타사항
1 (전 1)	1994년6월8일	서울특별시 관악구 신림동 1694	철근콘크리트조 슬래브지붕 15층 아파트	도면편철장 2책119장

부동산등기의 갑구는?

소유권에 대한 압류, 가등기, 경매개시결정 등기 그리고 소유권의 말소 또는 회복에 관한 재판이 진행 중임을 예고하는 예고등기, 소유자의 처분을 금지하는 가처분등기 등이 모두 갑구에 기재할 사항입니다.

【 갑 　 　 구 】 (소유권에 관한 사항)				
순위번호	등기목적	접수	등기원인	권리자 및 기타사항
①	②	③	④	⑤

① 순위 번호: 등기한 순서를 숫자로 표시합니다. 여기에 기재된 순위 번호에 의하여 갑구 사항란의 권리 간에 우선순위가 정해집니다.

② 등기 목적: 등기의 내용 또는 종류를 표시합니다. (예) 소유권보존, 소유권이전 등

③ 접수: 등기신청서를 접수한 날짜와 신청서를 접수하면서 부여한 접수 번호를 표시합니다.

④ 등기 원인: 등기의 원인 및 원인 일자를 표시합니다. (예) 매매, 설정 계약, 해지 등

⑤ 권리자 및 기타 사항: 부동산의 권리자 및 기타 권리 사항을 표시합니다.

부동산등기의 을구는?

소유권 이외의 권리인 저당권, 전세권, 지역권, 지상권에 관한 등기사항을 기재합니다. 또한 지상권 설정 및 변경, 이전, 말소등기도 이에 해

당합니다.

【 을 구 】 (소유권 이외의 권리에 관한 사항)				
순위번호	등 기 목 적	접 수	등 기 원 인	권리자 및 기타사항
11	8번근저당권설정, 10번근저당권설정 등기말소	20 년11월1일 제. 호	20 년11월1일 임의경매로 인한 매각	도림2동 새마을금고 금 248,000,000원 대출
~~12~~	~~근저당권설정~~	~~20 년11월1일~~ ~~제403438호~~	~~20 년11월1일~~ ~~설정계약~~	채권최고액 금332,400,000원 ~~채무자~~ ~~인천광역시~~ 근저당권자 도림2동새마을금고 ~~111244-0000349~~ ~~서울특별시 영등포구 도림로 353(도림동)~~
21	19번근저당권설정 등기말소	20 년4월21일 제27153호	20 년4월21일 임의경매로 인한 매각	삼성화재 금 213,000,000원 대출
22	근저당권설정	20 년4월21일 제27154호	20 년4월21일 설정계약	채권최고액 금255,600,000원 채무자 경기도 고양시 근저당권자 삼성화재해상보험주식회사 110111-0005078 서울특별시 중구 을지로 29 (을지로1가)
4	1번근저당권설정, 2번근저당권설정, 3번근저당권설정 등기말소	20 년9월4일 제63114호	20 년9월4일 임의경매로 인한 매각	동부화재 금 211,000,000원 대출
5	근저당권설정	20 년9월4일 제63115호	20 년9월4일 설정계약	채권최고액 금253,200,000원 채무자 인천광역시 근저당권자 동부화재해상보험주식회사 110111-0095285 서울특별시 강남구 테헤란로 432(대치동)

방공제와 신탁 대출

주택을 두 채 이상 보유하면 대출 시 소위 '방빼기', '방공제'라는 용어를 듣게 될 텐데요. 주택담보대출을 받는 경우 금융사에서 「주택임대차보호법」상 보호되는 최우선 변제 금액을 공제하고 대출해 주는 것을 말합니다. MCI, MCG는 최우선 변제 금액 공제 없이 LTV 한도까지 받을 수 있도록 하는 보험 및 보증상품입니다.

MCI(모기지 신용보험, Mortgage Credit Insurance)

MCI는 서울보증보험에 가입하여 LTV 상한까지 대출을 받을 수 있는 보험입니다. 발급기관은 서울보증보험이며, 보증료 부담은 취급 금융기관에서 합니다. 아파트, 연립, 다세대, 단독주택(1세대 주거 형태)이 대상 주택이며, 인당 두 건(세대 합산 안 함) 가입할 수 있습니다.

담보 부동산에 선순위 임대차 사실이 없어야 가능하며, 거의 모든 금융사에서 취급합니다. 게다가 SGI서울보증보험에 방문 없이 금융기관에서 상담 및 보험 가입을 진행하는 상품이며, 본사 개인고객부(02-3671-7778)에서 담당합니다.

MCG(모기지 신용보증, Mortgage Credit Guarantee)

MCG는 주택담보대출 시 공제되는 최우선 변제 소액임차보증금 등에 대한 보증으로 대출 한도를 늘려주는 상품입니다. 발급기관은 주택금융공사로, 우대 가구 여부 등에 따라 연 0.05~1.35% 차등 적용하며 보증료를 부담합니다. 대상 주택으로는 아파트, 연립, 다세대, 단독주택, 오피스텔, 노인복지주택이 해당합니다. 세대 1건당 최대 1억 원까지 가입할 수 있습니다(디딤돌, 특례보금자리론 상품과 연계). 보증 금액 한도는 다음 세 가지 중 적은 금액에 따라 달라집니다.

① 보증 종류별 보증 한도: 4억 원 − 기 구입자금 보증잔액

② 보증 과목별 보증 한도: 1억 원 − 기 일반 구입자금 보증잔액

③ 소요자금별 보증 한도: (지역별 소액임차보증금 × 적용 방수) × 보증 비율 − 동일 목적물 기 일반 구입자금 보증잔액

취급 가능한 금융사는 우리은행, 국민은행, 수협, 기업은행 등이며 공사 별도 방문 없이 취급 은행에서 보증 업무 처리가 가능합니다. 또한 공사가 사전 심사하는 정책모기지 특례의 경우 정책모기지 신청 시 동시 신청할 수 있습니다.

다가구 주택의 경우 거주할 수 있는 세대수가 많으면 MCI, MCG 가입을 해도 최우선 변제 금액 공제가 많이 되어 신탁 담보대출을 받는 경우

가 있습니다. 대출 한도를 높이기 위해 신탁 담보대출 활용은 용이하지만 임차인이 전세자금 대출이 불가하다는 단점도 있습니다.

주택임대차보호법

기준 시점	지역	임차보증금범위	보증금 중 일정액의 범위
2021. 5. 11 (개정 예정)	서울특별시	1억 6,500만 원 이하 (1,500만 원 상승)	5,500만 원 이하 (500만 원 상승)
	과밀억제권역 용인 / 화성 / 세종 / 김포	1억 4,500만 원 이하 (1,500만 원 상승)	4,800만 원 이하 (500만 원 상승)
	광역시 안산 / 광주/ 파주 / 이천 / 평택	8,500만 원 이하 (1,500만 원 상승)	2,800만 원 이하 (500만 원 상승)
	그 밖의 지역	7,500만 원 이하 (1,500만 원 상승)	2,500만 원 이하 (500만 원 상승)

1. 기준시점은 담보물권(저당권, 근저당권, 가등기담보권 등) 설정 일자 기준임(대법원 2001다84824 판결참조)

2. 배당요구의 종기까지 배당요구를 하여야 함

3. 경매 개시 결정의 등기 전에 대항요건(주택 인도 및 주민등록)을 갖추어야 하고, 배당요구의 종기까지 대항력을 유지해야 함

4. 주택가액(대지 가액 포함)의 1/2에 해당하는 금액까지만 우선 변제 받음(주택임대차법 제8조)

담보신탁이란?

한국투자부동산신탁에 따르면, '담보신탁'은 저당제도보다 비용이 저렴하고 편리한 선진 담보제도로 부동산 자산을 담보로 간편하게 대출받을 수 있는 신탁 상품입니다.

부동산신탁회사는 신탁계약을 통해 부동산소유자(위탁자)로부터 부동산을 신탁받아 금융 대출 업무를 진행하고 대출 기간이 만료되어 정상적으로 채무가 이행되면 신탁부동산을 위탁자에게 돌려줍니다. 그러나 채무불이행 시 신탁부동산을 환가하여 그 처분 대금으로 우선수익자인 채권기관에 채무를 변제하고 잔여 처분 대금을 위탁자 또는 수익자에게 교부합니다. 각 장점은 다음과 같습니다.

채무자(위탁자)

－저당권 설정에 비해 등록면허세 등 비용이 저렴

－신탁계약 기간에는 제3 채권자로부터 보호(신탁법 제22조)

－추가 대출 시 비용이 절감되고 절차가 간편

채권기관(금융기관)

－채권금융기관의 관리 비용과 인력이 절감

－신속, 고가 공매 처리 방식의 환가 처분에 따른 손실 최소화

－공매 처리로 채권실행 기간이 단축되며 비용도 절감

－독립성이 보장되어 채무자나 신탁사의 부도 또는 회생절차 진행 시에도 안정성이 확보

위탁자(실소유자, 집주인)가 수탁사(신탁사)에 협의 없이 임의로 체결한 임대차계약은 법적 효력이 없으므로 임차인 입장에서는 명의가 신탁사로 되어있는 경우 신탁원부를 발급받아 확인할 필요가 있습니다.

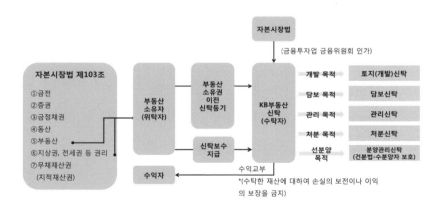

[담보신탁 구조(참고 출처: KB부동산신탁)**]**

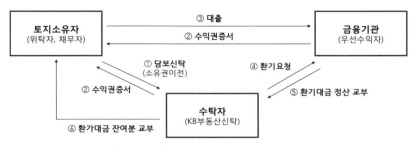

[신탁 대출 구조(참고 출처: KB부동산신탁)**]**

[토지] 충청남도

순위번호	등 기 목 적	접 수	등 기 원 인	권리자 및 기타사항
			(67)	
11	10번강제경매개시결정등기말소	20 년2월9일 제 호	20 년2월9일 취하	
~~12~~	~~임의경매개시결정~~	~~20 년2월14일 제5249호~~	~~20 년2월14일 대전지방법원 서산지원의 임의경매개시결정(타정)~~	~~채권자 남인천농업협동조합 120136-0000149 인천광역시 연수구 한나루로 188 (옥련동)~~
13	소유권이전	20 년3월28일 제 호	20 년3월28일 임의경매로 인한 매각	소유자 **낙찰자** ***
14	12번임의경매개시결정등기말소	20 년3월28일 제 호	20 년3월28일 임의경매로 인한 매각	**신탁사로 수탁**
15	소유권이전	20 년3월28일 제 호	20 년3월28일 신탁	수탁자 주식회사무궁화신탁 110111-2867418 서울특별시 강남구 테헤란로 134, 22층(역삼동, 포스코피앤에스타워)
	신탁			신탁원부 제20 호 신탁원부 등기소에서 열람 가능

신탁 원부: 등기소 발급 가능
계약 내용, 선순위 설정금액 확인

수익권증서 발행금액 = 채권최고액

신탁원부 계약서
주소 알면 이해관계인이 아니여도 발급 가능

담보신탁 관련 질문 모아보기

Q1. 임차인들이 보증금을 날렸다는 뉴스 기사는 무엇인가요?

임대차계약 시 신탁사, 실소유자 계약서 내용에 따라 상호 협의로 진행하여야 합니다. 이를 고지하지 않고 임의대로 임차인과 위탁자(실소유자) 간에 계약했다면, 법적 효력이 없으므로 임차인은 보증금을 날리는 경우가 생길 수 있습니다.

Q2. 담보신탁을 하면 대출을 더 많이 받을 수 있나요?

아파트, 빌라의 경우는 담보신탁을 해도 한도가 올라가지 않는 경우가 많습니다. 다가구, 다중주택 등 그 외의 경우는 한도가 높아질 수 있으니 금융사에 확인해 보세요!

Q3. 임차인이 전세자금 대출을 받을 수 있나요?

신탁사로 되어 있으면 임차인이 전세자금 대출을 받을 수 없습니다.

Q4. (매도 시, 대출 대환 사유로) 신탁을 해지 시 원소유자는 취득세를 납부

해야 하는 건가요?

(지방세법 제9조 제3항 제2호) 신탁의 종료에 따라 위탁자가 수탁자로부터 신탁재산인 부동산을 취득하는 것은 취득세 비과세 대상입니다.

2금융권 대출받으면 신용불량이 된다는데…

은행	대출금액	대출금리 (23년 4월 금리 기준)
신한은행	3천만 원	6.88%
신협	8억 9,100만 원	6.50%
지역농협	2억 3천만 원	6.19%
지역수협	6억 7천만 원	6.8%

만약 무직인 사람이 총대출금액 18억 2,100만 원을 받았다면, 신용점수가 어느 정도 될 거로 예상되시나요? 1금융권인 신한은행을 제외하고 나머지는 2금융권이고, 현재 대출금액도 많은 무직이라면 상환 능력이 부족하니 신용점수가 많이 떨어져 있겠다고 예상되시나요?

신용관리	내 대출 한도
KCB 신용점수	NICE 신용점수
984점	**964점**
상위 9%	상위 14%

하지만 NICE 신용점수는 964점이고 KCB 신용점수는 984점으로 전혀 낮은 점수가 아닙니다. 신용점수는 1,000점에서 0점까지 점수가 높을수록 우수하게 평가됩니다. 비은행권(2금융, 대부)에서 대출을 받으면 1금융권보다 부정적인 영향을 받는 건 사실입니다. 그러나 2금융권에서 대출받았다고 해서 (다른 거래에 지장이 있을 정도) 무조건 신용점수가 하락하는 것은 아닙니다. 이때 다음 세 가지가 종합적으로 반영된다고 생각하면 됩니다.

1. 업권별(은행권, 비은행권, 대부) 어느 금융사를 진행하는지
2. 담보대출, 신용대출
3. 금리

담보대출은 다른 대출 상품에 비해 신용위험이 낮게 나타나므로 타 대출에 비해 상대적으로 안정적인 대출로 평가됩니다. 같은 2금융권 상

품이라도 신용점수가 많이 떨어질 수 있고 1금융권과 대동소이할 수 있습니다. 그래서 2금융권 상품을 쓰더라도 담보대출인지, 신용대출인지, 금리에 따라서 신용점수 반영 폭이 다릅니다. 포인트는 담보대출은 안정적 대출로 평가돼서 걱정할 정도는 아니라는 것입니다.

  ※사업자 대출은 개인 신용평가에 반영되지 않는다.
  ※개인 대출(가계 자금) 진행 시 기존 부채가 사업자 대출인 경우 DTI, DSR 반영이 되지 않는다.

나이스 지키미, 올크레딧에서 신용점수가 어떻게 평가되는지 상세하게 설명해 보겠습니다. 우리가 치킨 한 마리를 먹었다고 바로 비만이 되지 않듯이 다음 금융거래를 하는 데 문제가 되는지만 판단하면 됩니다.

나이스 지키미(NICE)

① 정보 수집 흐름도

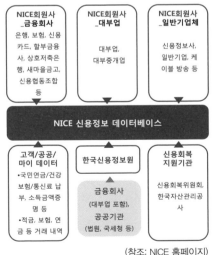

(참조: NICE 홈페이지)

② 평가 요소 및 활용 비중

평가 요소	평가 요소의 상세 내용	활용 비중
상환 이력	현재 연체 및 과거 채무 상환 이력	28.4%
부채 수준	채무 부담 정보 (대출 및 보증채무 등)	24.5%
신용 거래 기간	신용 거래 기간 (최초/최근 개설로부터 기간)	12.3%
신용 형태	신용 거래 패턴 (체크/신용카드 이용 정보)	27.5%
비금융/마이데이터	비금융/마이데이터 (성실 납부 실적 등)	7.3%
계	–	100%

* 위 평가 요소의 활용 비중은 RK600 스코어를 기준으로 작성했습니다.
* 조회 정보는 신용평가에 활용되지 않습니다.
* 신용평가에 활용할 신용정보가 없거나, 미성년자(만 18세 미만)와 고령자(만 100세 이상)에 대해서는 신용평점을 산출하지 않습니다.

(참조: NICE 홈페이지)

③ 개인 신용 평점의 평가 요소별 평균적인 변동(상승/하락) 요인

※ [+++]→[++]→[+]→[−]→[−−]→[−−−] (왼쪽에서 오른쪽으로 긍정적 → 부정적)

상환 이력 정보

신용평가 요소	일반고객군	장기연체군
장기 연체 발생	없음	−−−
단기 연체 발생	−−−	−−−
연체 진행 일수 경과	−−−	−
연체 해제	++	+
비중	27.4%	47.8%

* 평가 개요
−단기 연체의 기준은 영업일 5일 10만 원 이상이며, 장기 연체는 90일 이상 연체 등재를 기준으로 하고 있습니다.
−다만, 일시적 소액 연체는 신용평가에 활용되지 않습니다.

(참조: NICE 홈페이지)

④ 부채 수준

신용평가 요소	일반고객군	장기연체군
고위험 대출 발생	─	─
고위험 외 대출 발생	–	–
대출 잔액 증가	–	–
대출 부분 상환	+	+
대출 잔액 상환	++	+
보증 발생	–	–
보증 해소	+	+
비중	23.6%	42.8%

* 평가 개요

–보증 및 대출의 발생은 상환 부담에 따른 신용위험이 있는 것으로 판단되어 부정적인 영향을 주고, 반대로 상환 시에는 신용위험이 감소한 것으로 판단되어 신용평점에 긍정적인 영향을 줍니다.

(참조: NICE 홈페이지)

⑤ 신용 형태 정보

신용평가 요소	일반고객군	장기연체군
신용/체크카드 사용 개월	++	
신용/체크카드 사용 금액 적정	+	
과다 할부 사용	–	
현금서비스 사용	─	
비중	28.9%	0.0%

–연체 없이 신용카드를 사용하는 것은 긍정적인 요인이나, 지속적이고 습관적인 할부 및 현금서비스의 과다 사용은 부정적인 영향을 미칩니다.

(참조: NICE 홈페이지)

⑥ 비금융/마이데이터

신용평가 요소	일반고객군	장기연체군
증빙 소득	+	
비금융 성실 납부 실적 등록	+	

저축성 금융자산(수신 등) 마이데이터 정보	++	
비중	7.7%	0.0%

* 평가 개요
-국민연금/건강보험/통신 요금/아파트 관리비 납부내역, 소득금액 증명(소득 여부만 확인) 비금융정보 제출 시 신용평점에 긍정적 요인으로 반영합니다.
-마이데이터를 통해 등록된 저축성 금융자산(수신 등) 거래 내역 정보 제출 시 신용평점에 긍정적 요인으로 반영합니다.
※ 학력 등의 민감정보, 현금서비스 소진율 및 신용 조회 이력 정보는 신용평가에 반영되지 않습니다.

(참조: NICE 홈페이지)

올크레딧(KCB)

채무의 적시 상환 여부 및 그 이력에 관한 정보로 5영업일 10만 원 이상 연체를 지속하는 경우부터 평가에 활용됩니다(8영업일 이전 연체 상환 시 연체 이력은 활용되지 않습니다). 90일 이상의 연체는 장기 연체로 분류되어 더 큰 영향을 미치게 됩니다. 연체 상환 시 부정적 영향은 축소되지만, 연체 경험 정보는 일정 기간(90일 이상 최장 5년, 90일 미만 최장 3년) 활용됩니다.

평가 영역별 반영 비중

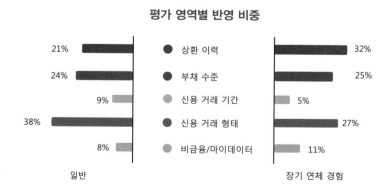

	일반		장기 연체 경험
상환 이력	21%		32%
부채 수준	24%		25%
신용 거래 기간	9%		5%
신용 거래 형태	38%		27%
비금융/마이데이터	8%		11%

(참조: KCB 홈페이지)

고객별 주요 평가 요소 신용평가 영향도

주요 평가 요소	일반고객	장기 연체 경험 고객
연체 발생	–––	–––
연체 진행 지속	––––	–––
연세 상환 후 기간 경과	++	++
저위험대출 상환	+	+
중위험대출 상환	++	+
고위험대출 상환	+++	++
신용카드 잔액 증가	––	–
단기 카드대출 잔액 증가	––	–
신용카드 신판 위주 지속 이용	+	영향 없음
신용 거래 기간	+	+
저위험대출 발생	–	–
중위험대출 발생	––	––
고위험대출 발생	–––	––
채무 보증 발생	–	–
채무 보증 해소	+	+
체크카드 지속 이용	+	+
단기 카드대출 이용	–	–
비금융/마이데이터 성실납부 정보 등록	+	+
비금융/마이데이터 성실납부 경과 기간	+	+
상환 여력 보유	+	+
신용 관련 설문 응답	+	+

*긍정적인 영향(+) 부정적인 영향(–)
(참조: KCB 홈페이지)

(토지, 상가, 건축물) 한도가
은행마다 다른 이유

아파트는 대출 실행 시 KB국민은행 시세*가 참고됩니다.

주거용 부동산이 아닌 경우는 은행 지점과 협약된 감정평가사를 통해 부동산 감정을 하게 됩니다. 토지, 상가, 건축물은 은행 그리고 동일 은행이라도 지점마다 대출이 가능한 금액이 다를 수 있습니다. 대출을 여러 건 받아본 분들은 당연한 거지만, 익숙지 않고 대출이 어떻게 산정되

* '주택 구입 시 대출 잘 받는 방법' 챕터 참고

는지 시스템을 모르면 한도가 다르다는 걸 이해가 안 될 수 있습니다. 대출금액이 달라지는 이유는 은행과 지점마다 '감정가격'과 'LTV'가 다르기 때문입니다. 조심스러운 이야기지만 심사 담당자의 개인 의견이 들어가는 경우도 있습니다.

자주 하는 질문 세 가지

Q1. 투자를 위해서 물건을 여러 개 보고 있는데요. 여러 은행에 전화해서 감정가격을 물어봐도 되나요?

네, 가능합니다. 은행 대출 담당자와 통화하고 싶으니 연결해 달라고 하세요. 담당자와 연결되면 주소, 매매가격, 임대차 내역을 말하면 은행 직원이 탁상감정을 통해 1~2일 후 의뢰인에게 대출 가능 금액을 알려줍니다.

*탁상감정 〉 대출 가능 금액 확인 〉 부동산 계약 〉 [YES] (은행) 정식 감정 〉 차주(자필서명) 〉 (은행) 필요 시 현장 방문 〉 대출 실행

탁상감정 〉 대출 가능 금액 확인 〉 [NO] (종결) 자료 폐기

[*탁상감정(탁감)이란, 정식 감정평가 이전에 담당자가 의사결정을 위해 사무실에서 부동산 물건 관련 자료만을 검토해 개략적인 시세 파악을 하는 것을 말합니다. 차주가 대출 진행 의사가 있으면 정식 감정평가가 이루어집니다.]

Q2. 부동산 물건 근처 은행에서만 대출받을 수 있나요?

아파트 중도금 대출, 이주비 대출 등 특수한 경우를 제외하고는 해당 물건 주소지 근처 은행에서만 대출받아야 한다는 규정은 없습니다. 좋은 조건을 제시하는 은행을 선택할 수 있습니다. 다만 대출 규모가 작다면 가급적 근처 은행에서 실행하는 게 은행에서 적극적일 확률이 높습니다.

Q3. 물건에 대한 확신이 없어 할지 말지 망설여지는데 그런 경우도 감정 가격, 대출금액을 물어봐도 되나요?

은행 직원도 정해진 근무 시간에서 시간을 할애하여 여러분의 물건에 시간을 분배합니다. 그런데 은행 직원으로서 대출 진행이 될 것 같지 않은 물건이라면 집중도가 당연히 낮아지겠죠. 무슨 뜻인지 이해하셨을 거라 생각됩니다.

신규 법인이면 대출이 진짜 안 되나요?

강의가 끝나고 질문을 받는 시간이 있었습니다. 한 분이 진지한 눈빛으로 확인차 물어보셨어요.

"남편이 대출 업무를 담당하는 00 은행 직원인데요. 저희 남편이 신규 법인은 대출이 어렵다고 했는데(저는 신규 법인도 대출이 가능하고 설명드렸고요), 누구 말이 맞는 거죠?"

질문을 받을 당시 서울과 수도권이 규제 지역이 되어 대출 규제가 있었습니다. 개인 명의 임대, 매매사업자로 문제를 해결하는 경우가 있었고, 법인으로 해결하는 경우도 있었습니다. 주택 투자가 아니더라도 법인과 관련한 장단점은 항상 존재했습니다.

투자에 있어 법인의 장점을 활용하기 위해 법인설립 후 처음으로 부딪히는 이슈는 바로 대출입니다. 주거래 은행에 방문해 "신규 법인은 안

186

됩니다"라고 들어서 다른 1금융권 은행에 가보니, "소득(매출)이 있어야 대출 진행이 가능합니다"라는 답변을 몇 번 듣고 나면 의욕이 땅속 깊은 곳까지 떨어집니다.

법인사업자 관련 대출은 개인 명의 대출(가계 자금)과 다르게 은행 지점마다 내부 규정에 따라 다를 수 있습니다. 신규 법인사업자라고 해서 대출이 안 되는 금융권 전체 규정이 아니고, 해당 지점에서 취급을 안 하는 것뿐입니다.

법인사업자를 만들었다면 이제 사장님입니다. 사장님은 어떤 역할을 하는 분인지 아시죠? 남들이 안 된다고 할 때 혼자 방법을 연구하고 찾아서 되게 만드는 게 사장님의 역할입니다. 그러니 스스로 생각하고 판단해야 합니다. 그런 과정에서 감정이 들어가면 일을 진행하기 어렵습니다. 은행에서 내부 규정으로 안 된다고 한다면, 다른 곳을 찾아서 진행하면 됩니다. 스피드 업!

신규법인 취급 금융사

*QR 코드를 찍어 신규 법인 취급하는 금융사를 확인해 보세요!

'NO'를 'YES'로 전환하는 기술

은행에서 대출을 알아보는데 "죄송합니다. 저희는 대출이 안 될 것 같습니다"라는 말을 들으면 마음이 움츠러드는 건 저 역시 마찬가지입니다. 주변을 봐도 대출 업무를 잘 알고 실제 대출 일을 하는 분들도 그렇게 느끼고요. 이번 파트를 읽는 분이라면 남들이 'NO'라고 해도 수긍할 분은 아니신 것 같은데, 맞나요?

A 은행에서 대출이 거절되면 B 은행도 대출이 거절될까요? 꼭 그렇지는 않습니다. A 은행에서 대출이 거절되면 이렇게 물어보세요. "어떤 규정으로 대출이 거절됐나요?" 하고 말이죠.

담보 물건 관련	"담보 물건 감정가격이 낮은가요?" "위반건축물이 있어서 그런가요?" "그 지역 낙찰가율이 너무 낮은가요?"
LTV 관련	"원하는 대출금액은 높은데 LTV가 적나요?" "임차보증금이 많은가요?"

DTI, DSR 관련	"개인소득이 부족한가요?" "DTI, DSR이 초과됐나요?"
신용점수 관련	"신용점수가 낮아서 그런가요?" "A 은행에 연체 이력이 남아서 그런가요?" "신용 회복, 개인회생, 파산 이력이 전산에 남아 있어서 그런가요?"
상환 능력 관련	"소득이 없어서 그런가요?" "실제 상환 능력이 부족할 것 같아서 그런가요?"
사업자 용도 관련	"사업자 관련하여 용도가 안 맞나요?" "가계 자금인데 사업 자금으로 대환해서 그런가요?" "용도 증빙이 쉽지 않을 것 같아서 그런가요?"

위 예시처럼 신용점수, 담보 물건 감정가격, LTV, 사업자 용도, 한도 초과, 상환 능력 등 상세히 물어보면 해결할 수 있습니다. 한도 10억이 된다고 들었다면 한 번 더 물어보세요. 대출 한도 10억 원이 어떻게 나온 건지 말이죠! [감정가×LTV-임차보증금=10억(감정가 N억, LTV N%)]

은행마다 감정가가 비슷하다면 LTV가 높은 곳을 찾으면 됩니다. LTV 가 이미 최대인 것 같다면 감정가가 높은 은행을 찾으면 됩니다. 임차보 증금 차감이 많이 돼서 그런 거라면 신탁담보도 고려해 볼 만합니다.

2023년 상반기를 강타한 게임체인저인 챗GPT를 잘 다루는 기술이 질문(프롬프트)을 잘해야 하는 것처럼, 대출도 질문을 잘해야 좋은 답변 을 들을 확률이 높습니다. 그러니 상담 시 거절 답변만 듣는다면 관련 질 문을 잘해서 원하는 조건으로 실행해 줄 금융사를 찾으시길 바랍니다.

대출은 공산품? 수제품?

우리가 활용하는 대출은 직장인이면 신용대출, 주택을 매수하면 매매 잔금 대출 이렇게 두 가지 상품이 많을 듯 보입니다. 하지만 대출 관련 저서를 볼 정도면 더 앞으로 나아가야겠죠?

차주는 [개인 / 개인사업자 / 법인사업자]로 나뉩니다. 쉽게 말해 대출할 때 사업자등록증이 들어가면 사업자 관련 대출이라고 생각하면 됩니다. 개인 대출은 정부의 대출 규제(LTV, DTI, DSR)의 영향을 받지만, 사업자들을 위한 대출은 부동산 관련 사업자가 아닌 경우 규제하지 않습니다. 기본적으로 사업자 관련 대출은 부동산 관련 투자 수요와 무관하다는 전제가 있기 때문입니다. (주택 임대업, 매매업은 관련성이 있어 부동산 규제가 있는 경우 순차적으로 규제하는 편입니다.)

반면 소상공인, 중소기업에 대해서는 지원금도 있고 대출하면 이자를 지원해 주는 정책들이 있습니다. 개인적으로는 대출 관련 중개업에 종사하면서 관점이 많이 전환됐습니다. 사업자 관련 대출 상품은 여기저기 한도와 금리가 같은 상품이 아닙니다. 즉 공장에서 똑같이 만들어지는 공산품이 아닙니다. 지점 담당자, 내부 규정에 따라 영향을 많이 받는 상품이죠. 그래서 우리가 더 활용할 게 많은 것입니다. 은행에서 매번 '우리(예금)를 활용하세요!' 하고 기회를 제공해 줬으니 이제는 우리가 은행을 제대로 잘 활용해야겠죠?

일반적인 생각	경험으로 바뀐 생각
(신용대출) 신용점수만 좋으면 대출이 되는 거죠? 난 연체는 절대 하는 일 없으니 해주셔도 됩니다.	신용점수 중요합니다. 하지만 상환 여력이 없다고 판단되면 은행에서는 대출 진행을 안 합니다.
은행 거래가 많으면 주거래 은행이지, 그렇죠?	은행에 이익을 많이 주는 고객이 주거래 고객입니다.
(담보대출) 대출 한도가 있는 물건이면 대출은 무조건 되는 거죠?	담보대출 한도가 충분해도 무조건 은행이 대출을 해줘야 하는 규정은 없습니다. 내부 규정에 따라 취급을 안 할 수도 있습니다.
(담보대출) 오랫동안 이자를 연체 없이 상환했는데 알아서 이자를 낮춰야 하는 거 아니야? 전 단골고객이라구요!	대출금리가 전체적으로 인하가 되는 경우가 아니라면 은행에서 이자를 먼저 인하해 주려고 하지는 않습니다.
대출 신청 시 A 은행에서 거절됐으니, B 은행도 당연히 거절되겠지요?	거절 사유를 물어보고 타 은행에 가능하다고 하면 도전해 보길 추천합니다.
(신용 회복 관련) 신용 회복, 개인회생, 파산면책을 했으니 이제 평생 금융거래는 쉽지 않겠구나. 난 이제 끝이야….	변제기간이 지나고 일정 시점이 지나면 정상적인 금융거래가 가능합니다. 또한 변제기간 중에도 성실 상환자에게는 신용회복위원회에서 신용정보 조기 삭제, 소액 신용대출, 신용(체크)카드 발급지원 등 추가 지원이 있습니다.

고수들이 일부러
중도상환수수료를 내는 이유

사무실이 필요해서 매매를 알아보다가 자금이 여유롭지 않아 임대를 알아봤습니다. 그러면서 관리비, 인터넷, 사무실 집기 비용 등 추가 비용도 계산해 보니, 매일 나가는 비용을 최소화하기 위해 공유 오피스를 계약했습니다.

사무실 사용료는 꼭 필요한 지출이고, 월 임차료를 납부하는 건 당연한 거로 생각했습니다. 그 뒤로는 사무실을 매수할 생각은 하지 않고 있었죠. 2년쯤 지난 뒤에 임대인이 다른 사무실을 추가 오픈하게 됐습니다. 상가나 오피스를 운영하는 분들에게 물어보니 추가로 매수하는 분이 많았습니다. 그런 이들을 보며 우리는 이렇게 생각하게 되죠. "상가만 사면 저렇게 부자가 되는 건가?" 그래서 이번엔 임대인 입장에서 생각해 봤습니다.

"(돈이 어디서 나서) 추가로 매수했지? 원래 부자였나? 상속받은 게 있나. 사무실 임대비용이 많이 남는 건가? 보유 부동산이 원래 많았는데 정리하고 갈아타는 건가?"

그러나 투자를 잘하는 분들을 비교해 보니 일정한 패턴이 있다는 걸 깨달았습니다. 주거용 부동산은 시세가 어느 정도 정해져 있습니다. 대출을 받을 때는 LTV, 금리, 변동 주기, 부수 거래를 체크하면 됩니다. 상업용 부동산은 (감정가) 시세가 은행마다 다릅니다. 매매하는 시점에는 (은행 감정가격, 매매가격) 낮은 금액을 기준으로 LTV를 곱하고, 임차보증금 등을 차감해 대출 가능 금액이 산정됩니다. 대출을 받고 나서는 해당 은행에 유지하는 게 보통입니다.

주변 시세가 올라가거나, 임차료 상승으로 부동산 가치가 오르거나, 은행 특판이 나오는 경우 등 다른 은행에 부동산 감정을 요청하면 매수 당시보다 감정가격이 오른 경우가 있습니다. 여기서 우리는 무엇을 할

수 있을까요?

1. 금리가 (대출 한도 유지 또는 일부 상환) 낮은 상품인 경우 대환한다.

2. 대출 한도를 높여 대환하면서 실투자금을 회수한다.

3. 대출 한도를 높여 투자금이 생기면 다른 좋은 물건에 재투자한다.

　(포인트는 좋은 물건!)

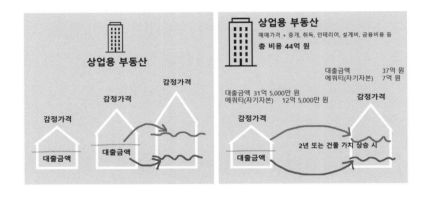

변화는 누구나 불편한 일입니다. 그래서 기존의 편한 방식을 유지하
려고 하죠. 대출 만기 시 재연장할 때 기존 은행에서 진행하는 경우가 많
습니다. 좋은 조건으로 다시 제시하는 경우도 있죠. 이는 이자를 받아야
은행도 좋기 때문입니다. 경우에 따라서는 대출 조건들에 신경 쓰지 않
을 때도 있을 듯합니다. 대출금액이 낮으면 큰 차이가 없을 수 있지만,
대출금액이 크면 월 납부금 차이가 클 수 있습니다. 만기 시점에는 재연
장하기 전에 타 금융사 조건도 한번 비교해 보세요. 또한 부동산 가치가

상승했다고 판단된다면 재감정을 요청하거나 다른 금융사에 부동산 감정도 받아보세요. 소중한 여러분의 돈을 아낄 수도 있고 또 다른 종잣돈이 생길 수도 있습니다.

금융거래 정지될 수 있어요 (기한 이익 상실)

대출 약정 기간에는 특별한 사유가 없다면 대출을 유지합니다. 약정 기간이 남았는데 금융사에서 대출금 전액 상환하라는 통보를 받는다면 당혹스럽기 마련이죠. 이는 바로 '기한 이익 상실 조항' 때문에 금융사에서 권리를 주장할 수 있는 것입니다. 통상 연체나 담보로 제공한 물건에 권리침해가 되는 때 외에는 기한 이익 상실에 대해 인지할 기회가 없습니다.

기한 이익 상실(제388조 기한의 이익의 상실)

채권의 효력과 관련한 법률상의 용어로 채권자(금융기관)가 채무자에게 빌려준 대출을 만기 전에 회수할 권리가 발생한 것을 의미한다. (네이버 사전 참조)

기한 이익 상실 조항 특약은 ① 채무자가 신용위험에 빠지면 채권자의 청구 없이 곧바로 이행기가 도래하는 '정지조건부 기한 이익 상실의 특약'과 ② 채권자의 의사표시가 있어야 이행기가 도래하는 '형성권적 기한 이익 상실의 특약'이 있습니다.

기한 이익 상실 조항은 금융사마다 별도 변경하여 다를 수 있으나 채권에 대하여 압류명령, 체납처분 압류통지, 채무자가 제공한 담보재산에 압류명령이나 체납처분 압류통지, 파산, 회생, 채무불이행자명부에 등록될 때, 연체가 발생할 때 기한 이익 상실 조항이 일반적입니다.

2018년 당시에는 부동산 규제가 강화될 시기였습니다. 생활안정자금 대출을 받을 때 '주택을 추가 매수하면 안 된다'라는 약정서를 작성하는 게 의무였습니다. 부동산 투자자가 아니어서 기억을 안 하고 있다가 이 약정을 위반하여 기한 이익 상실로 대출금 전액 상환을 해야 하는 경우가 많았습니다.

추가약정서(기존 주택 처분, 추가 주택 매수 금지)를 작성하는 경우는 약정대로 이행하던지, 약정 이행이 어렵다고 판단되면 대출을 상환하고 추가 액션을 취하는 게 좋습니다. 왜냐하면 추가약정(추가 주택 매수 금지, 기존 주택 처분, 전입 의무 등)을 하고 대출 이용 중 위반이 되면 금융사에서 연락이 오고 기한 이익 상실로 전액 상환하라는 통보를 받습니다. 약정 위반 시 대출 완제 여부와 관계없이 신용정보 집중기관에 약정 위반 사실이 제공되어 3년간 주택 관련 신규 대출 제한을 받습니다.

❷ **생활안정자금**을 **주택구입목적** 등으로 **유용**하지 **못하도록** **철저한 사후관리 방안** 마련

- 생활안정자금을 대출받을시, **동 대출기간 동안**은 **주택을 추가 구입하지 않겠다**는 **약정체결**

- **생활안정자금**을 대출받은 **세대**의 **주택보유여부**를 **주기적** (예 : 3개월)으로 **확인**하여 주택구입 확인시 **불이익 부과**

- 대출을 **즉각 회수**하고, **주택관련 신규대출**을 **3년간 제한**

[2018년 9월 13일 '주택시장 안정대책' 중
'생활안정자금 목적의 주택담보대출 관련' 내용 일부]

추 가 약 정 서

(기존주택 보유 인정 주택담보대출 추가약정용)

은행 앞　　　　　　　　　　　　　　　　20 　년　월　일

채무자 : _____(인)
주　소 : _____

−생략−

(기한 전의 채무 변제 의무) 다음 각 호의 사유가 발생한 경우 <u>본 대출의 기한의 이익은 상실</u>하게 되고, 그에 따라 **본 대출을 즉시 변제할 의무**를 집니다.

(여신거래 약정위반) 다음 각 호의 사유가 발생한 경우 **본 대출 완제 여부에 관계 없이 신용정보 집중기관**에 채무자의 **약정 위반 사실이 제공**되며, <u>향후 3년간 금융기관의 주택 관련 대출이 제한</u>됩니다.

1. 기존 보유 주택에 거주하지 않거나, 일부 또는 전부를 임대한 경우
2. 신규 취득 주택에 거주하지 않거나, 일부 또는 전부를 임대한 경우
3. 기존주택 보유 인정 사유가 해소되었음에도 주택을 처분(명의 이전 완료)하지 않은 경우
4. 거주 증빙자료를 제출하지 않은 경우
5. 기존주택 보유 인정 사유 관련하여 제출한 자료가 사실이 아닌 경우
6. 채무자가 속한 세대의 세대주 또는 세대원이 대출실행일 기준으로 명시되지 않은 주택, 입주권, 분양권 등을 보유하고 있는 경우

[추가약정서 기한 이익 상실 사항 예시안]

Q. 깜빡하고 약정 위반이 등록된 경우 이제 3년간 불가능한 건가요?

A. 금융사에서 신용정보기관에 약정 위반 사실을 통보했다면 3년 동안 신규 대출을 제한받습니다. 하지만 차주(대출 명의자)에 대한 제한이기에 차주를 변경해서는 대출이 가능할 듯 보입니다.

[예시]

• A, B 공동명의의 주택:

A가 약정 위반이 등록 → A(담보제공), B(담보제공/차주) → 차주 A 〉 B로 변경

• A 명의 주택:

A가 약정 위반이 등록 → A(담보제공), B(차주) → 차주 A 〉 B로 변경

• B 명의 주택:

A가 약정 위반이 등록 → A(A 명의 대출 상환), B(담보제공, 차주) → 차주 변경

약정을 위반한 대출의 바로 대환은 금융사 정보가 제공되기 때문에 어렵습니다. 일단 상환하고 차주를 변경해 대출받는 것은 불법이 아니라면 가능성이 높아 보입니다. 위반 관련 규정의 대출을 진행하는 건 금융사 사정에 따라 변동될 수 있습니다. 약정 위반이 등록되어 있다고 해서 평생 금융거래에 제한이 있는 것은 아닙니다. 다음은 실제 은행에서 사용하는 기한 이익 상실에 관한 조항입니다. 가볍게 읽고 참고하세요.

제7조 기한전의 채무변제의무
※동 조항의 밑줄 친 부분은 공정거래위원회의 표준약관과 다릅니다.

① 채무자에 관하여 다음 각 호에서 정한 사유 중 하나라도 발생한 경우에는, 은행으로부터의 독촉·통지 등이 없어도 채무자는 당연히 은행에 대한 모든 채무의 기한의 이익을 상실하여(지급보증거래에 있어서의 사전구상채무 발생을 포함합니다. 이하 같습니다) 곧 이를 갚아야 할 의무를 집니다.
  1. 제 예치금 기타 은행에 대한 채권에 대하여 가압류·압류명령이나 체납처분 압류통지가 발송된 때 또는 기타의 방법에 의한 강제집행 개시나 체납처분 착수가 있는 때, 다만, 담보재산이 존재하는 채무의 경우에는 채권 회수에 중대한 지장이 있는 때에만 가압류를 사유로 기한의 이익을 상실
  2. 채무자가 제공한 담보재산(제1호의 제 예치금 기타 은행에 대한 채권은 제외)에 대하여 압류명령이나 체납처분 압류통지가 발송된 때 또는 기타의 방법에 의한 강제집행 개시나 체납처분 착수가 있는 때
  3. 채무불이행자명부 등재 신청이 있는 때
  4. 어음교환소의 거래정지처분이 있는 때
  5. 개인회생절차 또는 파산절차의 신청이 있는 때
  6. 도피 기타의 사유로 지급을 정지한 것으로 인정된 때

② 채무자에 관하여 다음 각 호에서 정한 사유 중 하나라도 발생한 경우에는, 채무자는 당연히 당해채무의 기한의 이익을 상실하여 곧 이를 갚아야 할 의무를 집니다. 다만, 은행은 기한의 이익상실일 7영업일 전까지 다음 각 호의 채무이행 지체 사실과 대출잔액 전부에 대하여 연체료가 부과될 수 있다는 사실을 채무자에게 서면으로 통지하여야 하며, 기한의 이익상실일 7영업일 전까지 통지하지 않은 경우에는 채무자는 실제 통지가 도달한 날로부터 7영업일이 경과한 날에 기한의 이익을 상실하여 곧 이를 갚아야(또는 이행) 할 의무를 집니다.
  1. 이자를 지급하여야 할 때부터 1개월(주택담보대출의 경우 2개월)간 지체한 때
  2. 분할상환금 또는 분할상환 원리금의 지급을 2회(주택담보대출의 경우 3회) 이상 연속하여 지체한 때

③ 채무자에 관하여 다음 각 호에서 정한 사유 중 하나라도 발생하여 은행의 채권보전에 현저한 위험이 예상될 경우 은행은 서면으로 변제, 압류 등의 해소, 신용의 회복 등을 독촉하고, 그 통지의 도달일부터 10일 이상으로 은행이 정한 기간이 경과하면 채무자는 은행에 대한 모든 채무의 기한의 이익을 상실하여 곧 이를 갚아야 할 의무를 집니다.
  1. 은행에 대한 수 개의 채무 중 하나라도 기한에 변제하지 아니하거나 제2항 또는 24항에 의하여 기한의 이익을 상실한 채무를 변제하지 아니한 때
  2. 제1항 제1호 및 제2호 외의 재산에 대하여 압류·체납처분이 있는 때

3. 채무자의 제1항 제1호 외의 재산에 대하여 민사집행법상의 담보권 실행 등을 위한 경매개시가 있거나 가압류 통지가 발송되는 경우로서 채무자의 신용이 현저하게 악화되어 채권회수에 중대한 지장이 있을 때
4. 제5조, 제18조에서 정한 약정을 위반하여 건전한 계속거래 유지가 어렵다고 인정된 때
5. 신용정보관리규약상 신용거래정보 중 연체정보 · 대위변제 대지급정보 · 부도정보 · 관련인정보, 금융질서문란정보 및 공공기록정보로 등록된 때

④ 채무자에 관하여 다음 각 호에서 정한 사유 중 하나라도 발생한 경우에 은행은 서면으로 독촉하고, 그 통지의 도달일부터 10일 이상으로 은행이 정한 기간이 경과하면 채무자는 은행에 대해 당해채무 전부의 기한의 이익을 상실하여, 곧 이를 갚아야 할 의무를 집니다.
1. 제6조에서 정한 약정을 이행하지 아니한 때
2. 담보물에 대한 화재보험 가입 의무를 이행하지 아니한 때, 은행을 해할 목적으로 담보 물건을 양도하여 은행에 손해를 끼친 때, 주택자금 대출을 받아 매입 또는 건축한 당해 주택의 담보제공을 지체한 때, 기타 은행과의 개별 약정을 이행하지 아니하여 정상적인 거래관계 유지가 어렵다고 인정된 때
3. 보증인이 제1항에 해당하거나 제3항 제2호 및 제3호에 해당하는 경우로서, 상당한 기간 내에 보증인을 교체하지 아니한 때

⑤ 제1항 내지 제4항에 의하여 채무자가 은행에 대한 채무의 기한의 이익을 상실한 경우라도, 은행의 명시적 의사표시가 있거나, 은행이 분할상환금 · 분할상환원리금 · 이자 · 지연배상금을 받는 등 정상적인 거래의 계속이 있을 때는, 그 채무 또는 은행이 지정하는 채무의 기한의 이익은 그때부터 부활됩니다.

[은행 가계용 여신거래 계약서 기본약관]

여기서 또 유심히 봐야 하는 것이 있습니다.

은행 여신거래 기본약관 제5조(자금의 용도 및 사용)
채무자는 여신 신청 시 자금의 용도를 명확하게 제시하고 은행과의 여신거래로 받은 자금을 그 거래 당초에 정해진 용도와 다른 용도로 사용하지 않습니다.

가계용(생활안정자금 대출), 기업용(시설자금, 운전자금)을 이용하여 해당 용도에 적합하게 사용했다는 증빙을 해야 하는 경우가 생길 수 있습니다. 부동산 규제가 지금처럼 있기 전에는 기업용 대출(사업자)을 사용하면 별도의 용도 증빙을 하지 않아도 됐습니다.

현재는 대출 실행 후 3개월 안에 용도 증빙을 해야 합니다(2023년 5월 기준). 용도 증빙 방법으로는 세금계산서, 견적서, 영수증, 은행 거래 내역 등 본인의 상황에 맞게 은행 담당자와 협의하여 증빙하면 됩니다. 적법하게 사용한다면 전혀 어려운 게 아닙니다.

관심 물건 한도 10분 만에 알아보는 방법

길을 지나면 단층 건물이 높게 올라가는 것을 보고 "우와! 언제 이렇게 높은 건물이…. 이런 건물은 얼마 정도 할까? 대출은 얼마 정도 받았을까?" 또는 "저 상가를 사고 싶은데 대출이 얼마나 나올까?" 하고 생각하신 경우 있으셨나요? 건물들은 주소만 알면 누구나 부동산 등기부를 열람할 수 있습니다.

부동산 등기부를 열람해 해당 은행 대출금액(채권 최고액), 은행, 매매금액(매매 목록 선택 시 이력 확인 가능) 확인할 수 있습니다. 은행 지점에 전화해서 매매가 @억에 매수할 예정인데 탁상감정 한번 넣어달라고 요청할 수도 있습니다. 살 것도 아닌데 물어봐도 되냐고요? 네! 괜찮습니다! 전화해서 물어볼 때 진짜 살 의향이 있는 것처럼 해야 은행 담당자가 우리의 이야기에 집중합니다. 바쁜 은행 직원의 시간을 낭비하라는 뜻이 아닙니다. 관심 있는 물건에 한도를 확인하고 매수 방법을 다각도로 확인해 보라는 것입니다.

부동산 등기부 열람 방법

부동산 등기부는 법원 등기소에서 발급할 수 있습니다. 그 외 간단히 발급하는 방법 두 가지를 안내해 드릴게요.

① 인터넷등기소 홈페이지 또는 앱에서 확인하기

【1단계】

1. 화면 상단의 대메뉴 중 [등기열람/발급] 메뉴 클릭

2. [부동산] 탭의 [열람/발급하기] 메뉴의 첫 번째 메뉴인 [열람하기] 메뉴 클릭

3. 열람용 등기사항 증명서 열람하기 위해 다음 5가지 방법으로 부동산 검색(간편 검색, 소재지번으로 찾기, 도로명주소로 찾기, 고유번호로 찾기, 지도로 찾기)

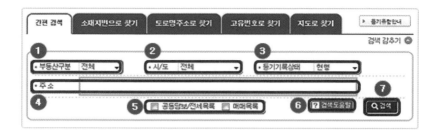

1. [부동산 구분] 선택

1) 토지: 일반적인 토지의 경우

2) 건물: 건물 전체가 하나의 등기사항 증명서로 등기된 경우

3) 집합건물: 아파트처럼 호별로 각각 등기된 경우

2. [시/도] 정보 선택

전체 조회가 가능하나 특정 조건으로 선택 후 검색 시 더 정확한 검색
결과를 얻을 수 있습니다.

3. [등기기록상태] 선택

1) 현행: 유효한 등기사항을 포함하고 있는 현재 유효한 등기사항 증
    명서

2) 폐쇄: 등기사항 증명서 전산화 이후 폐쇄되어 현재 유효하지 않은
    등기사항 증명서

3) 현행+폐쇄: 현재 유효한 등기사항 증명서와 폐쇄된 등기사항 증명
    서를 모두 검색함

4. 조회하려는 [주소] 정보 입력

적어도 동 이름과 지번, 도로명과 건물번호를 포함하여 검색하기를

바랍니다. (예시: 서초동 967, 서초대로 219)

5. [공동담보/전세목록, 매매목록]을 선택하면 열람용 등기사항 증명

   서 열람 시 해당 목록을 함께 열람할 수 있습니다.

6. [검색 도움말] 버튼을 선택하면 간편 검색 입력 도움말이 팝업 화

   면으로 표시됩니다.

7. [검색] 버튼을 선택하면 화면 하단에 검색 결과가 표시됩니다.

8. [보기] 버튼을 선택하면 지도상 해당 부동산 소재지번의 위치가 팝

업 화면으로 표시됩니다.

9. 열람하고자 하는 부동산의 우측에 있는 [선택] 버튼을 누릅니다.

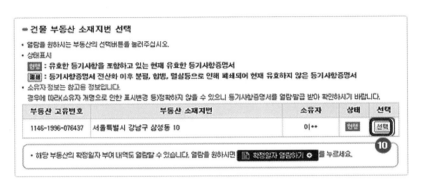

10. 선택한 소재지번의 정보를 확인한 후 우측에 있는 [선택] 버튼을

누릅니다.

【2단계】

1. 원하시는 [등기유형]에 따라 아래와 같이 선택합니다.

1) 말소사항포함: "전부" 선택 → "말소사항포함" 선택

2) 현재유효사항: "전부" 선택 → "현재유효사항" 선택

3) 현재소유사항: "일부" 선택 → "현재소유사항" 선택

4) 특정인지분: "일부" 선택 → "특정인지분" 선택

5) 지분취득이력: "일부" 선택 → "지분취득이력" 선택

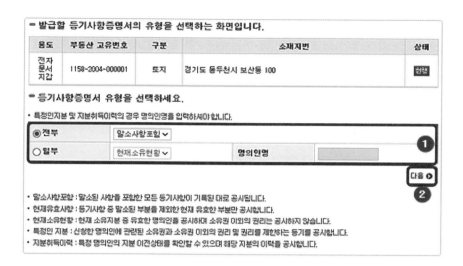

2. 원하시는 등기유형을 선택한 후 [다음] 버튼을 선택하면 (주민) 등
록번호 공개 여부 검증 화면으로 이동합니다.

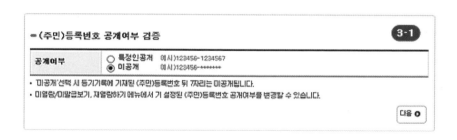

3-1. 등기사항 증명서의 (주민) 등록번호를 미공개로 열람하고자 할
경우 '미공개'를 선택합니다. 최종 열람 시의 열람용 등기사항
증명서상의 모든 주민등록번호의 뒷자리 7글자가 가려진 형태
로 보입니다.

4. 모두 선택한 후에는 [다음] 버튼을 누릅니다.

이 절차에서 결정된 (주민) 등록번호 공개 여부는 미열람/미발급, 재
열람 메뉴에서 등기사항 증명서 발급 전 변경할 수 있습니다.

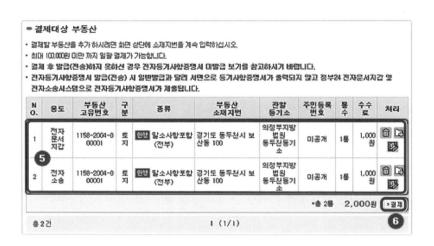

5. 선택한 등기사항 증명서 내역을 확인합니다.

결제 전, 처리 항목에서 관심 부동산(법인)으로 등록하거나 기타 정보
등을 확인할 수 있습니다.

🗑 : 선택된 등기사항 증명서를 삭제

🖶 : 관심부동산(법인)으로 등록

📋 : 공시지가 정보 확인

6. [결제] 버튼을 누르면 결제 화면으로 이동합니다

【3단계】

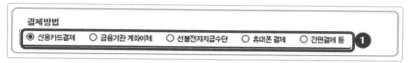

1. 수수료 결제 방법은 다음 5가지 중 하나를 선택할 수 있습니다.

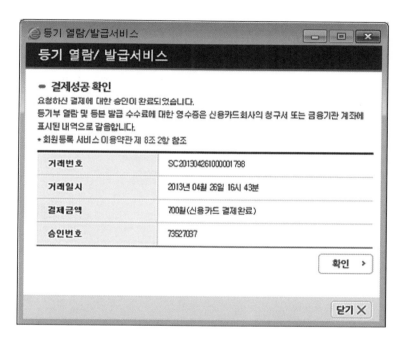

2. 결제 성공 확인 창에서 결제가 완료되었음을 확인할 수 있습니다.

② 무인민원발급기에서 발급하기

| 7 | 경기도 성남시 | 상대원1동주민센터 | 평일 0000~2400 주말(공휴일) 0000~2400 | |

상대원1동주민센터 지도 📍

위치	상대원1동주민센터	상세위치	상대원1동주민센터 앞
주소	경기도 성남시 중원구 둔촌대로 425, 상대원1동 행정복지센터 (상대원동)		
등기부등본 발급여부	발급	가족관계(제적) 발급여부	발급

운영시간	평일	주말(공휴일 포함)
	0000~2400	0000~2400

	발급기형태	장애인 키패드	시각장애인 음성안내	청각장애인 표지판안내	점자라벨	이어폰소켓	촉각모니터	화면확대 기능	휠체어탑 사용자조작
편의기능	일반(장애인 편의기능 일부 포함)	제공	제공	제공	부착	제공	미제공	제공	가능

참고내용	

8	경기도 성남시	분당 AK 플라자	평일 0000~2400 주말(공휴일) 0000~2400	
9	경기도 성남시	야탑3동 행정복지센터	평일 0900~1800	토, 일(공휴일) 미운영
10	경기도 성남시	분당서울대병원	평일 0000~2400 주말(공휴일) 0000~2400	

[정부24 홈페이지 고객센터에서 무인민원 발급안내 및 무인민원발급기 위치 확인하기]

등기부등본이 발급되지 않는 무인민원발급기도 있으니 사전에 확인 후 방문해야 합니다. 무인민원발급기 발급 종수 및 발급 가능 시간은 자치단체 무인민원 발급창구 현장 여건 및 운영 상황에 따라 달라질 수 있으니, 설치 장소에 안내된 전화번호로 문의 후 이용하세요.

이렇게 두 가지 방법을 통해 부동산 등기부를 열람해 은행과 대출금액을 확인하고, 은행 지점에 전화해 탁상 감정가격(부동산 감정가격)을 요청할 수 있습니다. 요즘은 데이터가 잘 정리되어 있어 복잡하지 않게 인터넷에 은행명과 지점을 검색하면 지점 번호가 나오니 확인해 보세요!

28	근저당권설정	201?년?월24일 제339??호	201?년?월24일 설정계약	채권최고액 금720,000,000원
				채무자
				근저당권자 주식회사우리은행 110111-0023393 서울특별시 ??? ??동로 51(회현동1가) (동수원금융센터) 공동담보 ??? ??? 경기도 성남시

[금융사, 대출금액(채권최고액)확인]

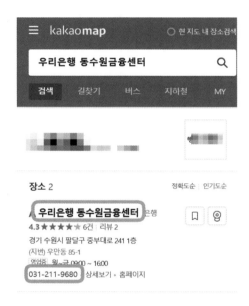

[쉽고 빠르게 지도 앱을 통해 알아보기(출처: 카카오맵 (https://map.kakao.com))]

명쾌한 답이 나오는 은행 담당자 찾기

신용점수가 우수한 편이고 소득도 높아 1, 2금융권에서 대출이 진행될 고객이 최고 금리 연 20%로 대부업을 사용하는 경우를 보게 됩니다. [법정 최고 이자율을 연 20퍼센트로 정하고 있다(시행 2021.7.7.). (대부업이 나쁘다는 의견이 아닙니다.)]

이런 경우 호기심이 많아 물어보게 됩니다. "혹시 2금융권이나 정부 지원금 등이 안 돼서 대부업을 사용하신 건가요?" 그러면 이렇게 답변이 돌아옵니다. "두세 군데 물어보니 안 된다고 해서 대부업을 사용했습니다." 이런 경우는 의외로 많습니다.

우리가 (담보, 신용) 대출을 알아볼 수 있는 곳은 다양합니다. 먼저 신용대출은 간단합니다. [A 〉 B 〉 C] 순서대로 알아보면 되는데요. 이유는 순서대로 해야 신용점수를 관리하기 유리하기 때문입니다. 개별적으로 알아보지 않아도 신용대출은 금리 비교 플랫폼을 이용하면 손쉽게 비교할 수 있습니다.

반면 담보대출은 개별성이 강합니다. (은행 직원, 대출모집인) 담당자를 소개받아 상담받을 기회가 있다면 두 가지 질문을 꼭 기억하세요!

첫째, '여기 금융사는 다른 금융사에 비해 어떤 상품이 유리한가요?'
둘째, '주로 취급하는 대출 상품이 어떤 것인가요?'

이 두 가지를 물어 해당하는 상품만 물어보면 됩니다. 해당 금융사의 주력상품이 아닌 경우인데 대출을 진행하면 상품 경쟁력이 없을 수 있습니다. 은행 직원, 대출모집인은 실적이 중요하기 때문에 본인이 취급하는 상품을 권유할 수밖에 없는 게 현실입니다. 금융사는 통상 모든 상품을 취급하지만 전문 분야가 있기 마련입니다.

예를 들면, 개인 주택 매매 잔금 대출은 A 그룹에서 대출 취급하는 게 유리합니다. DSR 초과, 다중채무자, 신용점수로 대출이 거절됐다면 B 그룹 내에서 알아보면 충분합니다.

B 그룹에서 서너 군데 거절 났으니 안 될 거로 생각하고 C 그룹으로 문의하는 것보다는, B 그룹 내에 다른 금융사 담당자나 은행에 직접 문의하여 심사를 추가로 받는 것이 금리를 낮출 수 있습니다.

담당자는 본인이 취급하거나 주력상품만 아는 경우가 많습니다. 저역시 모든 상품을 다 알 수는 없습니다. 특히 B 그룹은 지점에 따라 대출가능 금액, 금리, 중도상환수수료를 다르게 책정합니다. 바로 옆에 있는은행이지만 한도와 금리를 다르게 제시할 수 있다는 거죠. 개별성이 강한 걸 경험해 본 사람은 원하는 상품이 거절되면 점점 위축되는 게 아니라 더 적극적으로 알아봅니다. 하지만 금융사는 다 비슷하다고 생각하는 경우는 포기하거나 원하는 조건을 찾지 못합니다.

그렇다면 C 그룹은 의미가 없는 걸까요? C 그룹은 금융 정책상 진행하지 못하거나, B 그룹에서 진행을 꺼릴 때 진행하는 경우가 많아 나름대로 역할이 있습니다. 그러므로 앞서 언급한 두 가지 질문을 꼭 기억하세요!

어디까지 진심을 말해야 할까요?

    절세와 탈세의 차이를 들어보셨죠? '절세'는 개인과 기업이 내는 세금이나 세율을 낮추는 것을 말합니다. 정부는 경제 성장을 촉진하고 투자를 장려하며 소비자 지출을 늘리기 위해 감세를 시행합니다. 세금 감면은 합법적이며 현명하게 적용될 때 전체 경제에 도움이 됩니다.

    반면 '탈세'는 소득신고를 하지 않거나 공제금액을 부풀리는 등 기타 부정한 방법을 사용하여 고의로 세금을 회피하거나 과소 신고하는 불법 행위를 말합니다. 탈세는 정부 수입과 공공 서비스를 훼손하는 범죄 행위입니다.

    절세와 탈세는 세금의 부담을 줄이기 위한 행위라는 공통점이 있습니다. 법의 테두리 안에서 세액의 감소나 경감을 위한 행위는 절세지만, 법을 벗어나는 행위는 탈세입니다. 목적은 같지만, 내용은 다릅니다. 대출을 활용하다 보면 이런 경계선에 서 있을 때가 있습니다. 불법적인 행위를 조장할 의사는 없습니다. 다만 합법적인 테두리 안에서 잘 활용하길 바랍니다.

[사례 1]

지인이 상가를 매수하려고 대출을 진행했을 때 이야기입니다. 월세를 받기 위해 상가 임차를 고려하고 있었습니다. 상가를 임차해 줄 예정이면 RTI(임대업이자상환비율)를 적용해야 합니다.

3억 원을 대출받고 싶은데 은행에서 RTI 때문에 2.5억만 가능하다고 했죠. 추가로 여러 은행에 문의해 보니 금리 차이는 있지만, 한도는 RTI 규정으로 3억 원은 불가하다고 안내받았습니다. 상가를 직접 운영할 계획도 있어서 다른 은행에는 임대를 줄 게 아니고 직접 사용할 거라고 하니 RTI 적용이 되지 않아 3억 원의 대출을 받았습니다.

대출을 받고 나서 본인이 직접 상가를 운영하려고 인테리어와 비용 등을 계산해 보니 투입 비용과 시간이 너무 많을 거 같아서 긴 고심 끝에 계획을 변경했습니다. 임대를 준 것이죠. 고의로 금융사를 속이는 건 안 됩니다. 하지만 진짜 계획이 변경돼서 그런 경우가 생길 수는 있다고 생각됩니다.

> RTI란?
> RTI(Rent to Interest)는 부동산 임대업 여신심사 시 임대업자들의 대출 적정성 여부를 판단하기 위한 것으로 연간 이자 비용 대비 연간 임대 소득 비율을 말한다. RTI는 원칙적으로 임대 사업 대상인 개별 임대 물건 기준으로 산정한다.

[사례 2]

　개인 담보대출과 달리 사업자 담보대출은 LTV가 높습니다. 사업자 대출은 사업자 관련하여 쓰는 게 원칙입니다. 법인카드를 개인 업무에 사용하면 안 되는 것과 같은 맥락입니다. 당연히 모든 사업자가 원칙을 지키며 운영하고 있죠.

　한 지인이 커피숍 사업을 위해 사업자등록과 운영을 고민하고 있었습니다. 신규 상가 임차/매매, 추가 지점 오픈, 카페 인테리어 등 다양한 이유로 자금이 필요했습니다. 그러나 최근 주택을 매수하였고, 주거래 은행에서 개인 매매잔금대출을 받았습니다. 이 때문에 신용대출보다는 이자가 낮은 후순위 사업자 담보대출을 신청했으나, 소유권 이전 3개월 이후에 가능하다며 3개월이 지난 시점에 다시 오라고 했습니다(주택은 소유권 이전 3개월 이내 건은 매매잔금대출로 간주합니다).

　그러나 좋은 물건이 급매로 나와 1달 이내에 잔금을 해야 했습니다. 이때 금리가 높더라도 자금 기한을 맞추기 위해 대부업 또는 P2P 대출을 사용하기도 합니다. 대부업 대출로 급한 불을 끈 지인은 이후 자금 사정이 풀려 대부업을 상환했으나 또 자금이 필요했습니다. 대출을 검토하던 중 소유권 이전 3개월이 지나 후순위 사업자 담보대출을 상대적으로 낮은 금리에 실행했습니다. (은행마다 규정상 다를 수 있으나 대부업 대출은 사업자 대출로 전환할 수 없습니다.) 이런 경우 등기부를 보면 대부업을 사업자 대출로 대환한 것처럼 보일 수 있습니다.

정부 정책자금 찾는 방법

정부 정책자금이란 정부가 일정한 목적을 가지고 집행하는 예산을 말합니다. 정책자금은 대출과 지원금으로 나뉩니다. 정책자금 대출은 기관에 따라 직접 대출해 주는 경우가 있고, 은행과 협업하여 은행에서 집행해 주는 상품이 있습니다. 카테고리별로 금융, 기술, 인력, 수출, 내수, 창업, 경영 관련하여 중앙부처, 지자체로 나눠서 검색도 가능합니다.

구분		지원 대상	공급 규모(단위: 억 원)	
			2023년	2024년
창업기	혁신창업 사업화자금	업력 7년 미만 창업기업 등	22,300	19,958
성장기	신시장진출 지원자금	수출실적 보유 기업	3,570	4,174
	신성장기반 자금	업력 7년 이상 스마트공장 도입 등 성장기 진입 기업	17,250	17,250

재도 약기	긴급경영 안정자금	일시적 경영 애로 및 재해 피해기업	2,589	1,500
	재도약 지원자금	재창업, 사업전환 등 재도전 기업	4,030	5,318
합계			49,739	48,200

[2024년 중소기업 정책자금 운용 규모]

중소기업, 소상공인 정책자금의 규모가 매우 큽니다. 나랑은 상관없다고 생각할 수 있습니다. 정책자금은 정부기관에서 여러분에게 권하지 않습니다. 우리가 직접 신청하고 혜택을 받는 상품입니다. 가만히 있는 자에게는 절대 먼저 도움을 줄 수 없습니다. 유연한 사고로 도전해 보길 바랍니다.

담보물이나 매출이 높지 않은데 시중은행에서 대출받기란 사실상 쉽지 않습니다. 하지만 정책자금 대출은 그런 중소기업·소상공인들에게 한도를 높이고 금리는 낮은 상품을 이용할 수 있는 장점이 있습니다.

구분	지원 규모 (억 원)	지원 대상	대출 한도	대출금리 (기준금리 ± @)
합계	37,100			
① 일반경영안정자금	11,100			
1-1. 일반 소상공인	11,100	일반 소상공인	7천만 원	기준금리+0.6%P
② 특별경영안정자금	18,000			
2-1. 긴급경영안정자금	4,500	재해확인증을 발급받은 소상공인 또는 일시적 경영애로 소상공인	재해 1억 원, 경영애로 7천만 원	일시애로 기준금리 재해: 2%(고정)
2-2. 장애인기업 지원자급	500	장애인기업	1억 원	2%(고정)
2-3. 저신용 소상공인자금	4,000	저신용 소상공인	3천만 원	기준금리+1.6%P
2-4. 재도전특별자금	2,500	재창업 소상공인	7천만 원	기준금리+1.6%P
2-5. 청년고용연계자금	1,500	청년소상공인(만 39세 이하) 또는 청년고용소상공인	7천만 원	기준금리
2-6. 대환대출	5,000	고금리 대출을 이용 중인 중·저신용 소상공인 등	5천만 원	4.5%
③ 성장기반자금	8,000			
3-1. 소공인특화자금	5,000	업력 무관 소공인	시설 5억 원 운전 1억 원	기준금리+0.6%P
3-2. 혁신성장촉진자금	2,600	혁신형 소상공인 및 스마트 기술 도입 소상공인 등	시설 5억 원 운전 1억 원 *일부 유형은 한도 2배 적용	기준금리+0.4%P
3-3. 민간투자연계형 매칭융자	400	민간 투자자의 투자·펀딩을 받은 소상공인	5억 원	기준금리+0.4%P

[2024년 소상공인 정책자금 개요]

업력 3년 이상 된 소상공인에게는 자동화 설비 관련 도입을 돕고자 대출을 지원해 주고 있다.	
대출 한도	기업당 최대 2억 원 이내
대출 기간	5년 이내 (거치 및 분할상환기간은 연 단위로 선택 가능) 비거치 5년 분할상환, 1년 거치 4년 분할상환, 2년 거치 3년 분할상환
분야별 자동화 설비 예시	
자동 주문결제	키오스크(비대면 주문설비) 등
공정자동화	자동 김밥말이 기계, 자동 초밥 제조기, 자동 세척-세차기, 서빙 로봇, 자동 커피 머신기 등
물류 자동화	자동화 물류 시스템, 자동화창고, 무인 반송 시스템, 자동 적재시스템, 피킹&분배시스템 등
업종 특성 별	무인 빨래방, 무인점포(편의점), 무인(자율) 계산대 등

자동화 설비 도입(운영): 자동화 설비 구입 및 임차(렌탈, 리스) 포함

[이해를 돕기 위한 상품 안내 ①]

-신청접수약정: 주된 사업장 관할의 소상공인시장진흥공단 지역센터
-온라인 접수: 소상공인정책자금사이트(https://ols.sbiz.or.kr/) 〉 대출신청 〉 대출신청 가이드
내려받기 〉 자가 진단 후 〉 온라인 접수

'소상공인'은 소기업 중 소상공인 기준을 충족하는 기업으로 영리를 목적으로 하는 법인기업과 개인사업자를 의미합니다. '소기업'은 주된 업종별 평균 매출액 등이 소기업 규모 기준에 해당하는 기업입니다. '소

상공인'은 주된 업종별 상시 근로자가 소상공인 규모 기준에 해당하는 기업입니다. 그리고 '영리기업'은 「중소기업기본법」상 중소기업이 될 수 있는 대상은 영리를 목적으로 사업을 영위하는 기업(법인, 개인사업자)이므로 비영리기업은 소상공인 정책자금 지원 대상에서 제외됩니다.

지원 상품별로 소상공인, 중소기업*이라고 해도 업종별로 신청 가능한 업종이 있으니 상품별로 별도로 추가 확인해야 합니다. 정책지원금도 정보력이 부족하면 혜택을 받지 못하는 경우도 많습니다.

자영업자 고용보험료 지원	
직원 외 사장님도 고용보험에 가입할 수 있습니다. (2023년도 1월 1월부터 신청 가능, 예산 소진 시 마감)	
자영업자 고용보험 가입 조건	— 근로자가 없거나, 50명 미만일 때 — 본인 명의의 사업자등록증을 보유하고 있을 때 — 고용보험 가입 신청일 전 2년 이내 자영업자 — 자영업자 실업 급여 지급 종료일로부터 2년이 지났을 때 — 부동산 임대업, 가사서비스업 등 가입 제한 업종이 아닐 때
자영업자 고용보험 지원 요청 시	납부한 고용보험료의 20~50% 최대 5년간 환급 지원
자영업자 실업 급여 수급 조건	적자 지속, 매출액 감소, 매출액 감소 추세 기타 등
고용보험료 가입하면 장점	실업 급여 수령이 가능함

[이해를 돕기 위한 상품 안내 ②]

(출처: 소상공인진흥공단 자영업자 고용보험료 지원공고)

* 중소기업통합콜센터 ☎ 1357 / 카카오톡 링크: 중소기업통합콜센터

‣ <u>고용보험료 지원 받으려면?</u>

① 근로복지공단 홈페이지 접속 〉고용산재보험 토탈서비스 〉민원접수/신고 〉보험가입신고 〉자영업자 고용보험 가입 신청 (방문, 우편, FAX 신청도 가능(1588-0075))

② 소상공인시장 진흥공단 자영업자 고용보험료 지원 홈페이지 접속 〉신청 바로가기(지원 자격 및 고용보험료 가입 & 납부 실적 확인 후 지원)

‣ <u>실업 급여란?</u>

근로자 등이 실업한 상태에 있는 경우에 생활 안정과 구직활동을 촉진하기 위해서 고용보험사업의 하나로 실시되고 있는 제도[고용보험법 제1조 및 제4조].

예비창업자를 위한 지원금

지난 2023년 2월, 창업진흥원에서는 혁신적인 기술 창업 아이디어가 있는 예비창업자의 성공 창업을 지원하여 양질의 일자리를 창출하기 위해 '예비창업패키지' 예비창업자 모집을 공고했습니다. 시제품 제작과 마케팅, 지식재산권 출원 및 등록 등에 소요되는 최대 1억 원(평균 0.5억 원)의 사업화 비용을 지원하겠다고 밝혔습니다.

분야 제한이 없는 일반 분야, 여성과 사회적벤처 대상의 특화 분야로 구분됐고, 창업프로그램으로는 사업화 모형 모델(BM) 고도화, 투자유치, 경영 상담 등 주관기관의 역량을 적극 활용하여 구성됐습니다. 특히

사업화 자금에서 재료비, 외주용역비, 인건비, 교육훈련비, 광고선전비 등 10개의 비목이 지원됐습니다. 해당 공고는 매년 초 올라오는 정부 지원사업 중 하나로, 자세한 내용은 'K-Startup 창업지원포털' 홈페이지를 통해 확인할 수 있습니다.

초기창업패키지(창업 후 3년 이내)

전국에 있는 3년 이내의 초기창업 기업을 대상으로 하는 지원 정책도 있었습니다. 유망 창업 아이템, 기술을 보유한 초기창업 기업의 사업 안정화와 성장을 지원하기 위함입니다. '초기창업패키지' 역시 최대 1억 원에서 평균 7천만 원 내외의 사업화 자금과 함께 다양한 창업프로그램을 운영했습니다. 초기 창업기업의 수요를 반영해 시장진입, 초기 투자 유치 등 유형별로 재편해 목표시장에 안착할 수 있도록 지원할 수 있도록 개편됐습니다. 2023년뿐만 아니라 나라에서는 아이디어가 풍부한 창업에 많은 지원이 있을 예정이므로 필요한 분들은 꼭 확인해 보길 바랍니다.

처음에는 지원금과 관련하여 신청한 적이 없고 용어나 서류 등이 낯설게 느껴집니다. 하지만 관심을 가지고 북마크 표시하여 필요 시 신청한다면 창업에 도움이 될 거라 믿습니다.

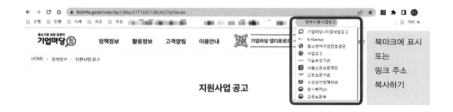

정책지원금 관련 정보열람 사이트	
기관명	홈페이지 주소
기업마당 기업정보종합포털 사이트	www.bizinfo.go.kr
K-스타트업	https://www.k-startup.go.kr
중소벤처기업진흥공단	https://www.kosmes.or.kr
한국산업기술진흥원	https://www.kiat.or.kr
한국콘텐츠진흥원	https://www.kocca.kr
창조경제혁신센터	https://ccei.creativekorea.or.kr
소상공인시장진흥공단	https://semas.or.kr/common/error.jsp
신용보증기금	https://www.kodit.co.kr/index.do
기술보증기금	https://www.kibo.or.kr/index.do

5부

착지

**항상 문제는 있다.
중요한 건 무엇에 집중할지의
선택이다.**

연체 중이거나 연체의 위험이 있다면

"자신의 문제를 해결하려면 그 문제가 발생한 당시의 사고 수준에서 벗어나야 한다."

알베르트 아인슈타인Albert Einstein

높은 산에 올라가다가 힘들면 어떻게 해야 할까요? 자리에서 잠시 쉬었다가 다시 올라가면 됩니다. 체력이 도저히 안 된다고 판단되면 산에서 내려와야 합니다. 체력을 키운 후 다시 산을 올라도 되고 다른 일을 해도 됩니다. 그러나 중간에 스스로 자책하거나 현실 도피를 하면 절대 도움이 되지 않습니다.

우리는 살면서 실수할 수 있고 잘못된 판단도 할 수 있습니다. 모르면 물어보고, 잘못되면 수정하면 그만입니다. 안타깝게도 수정하려 들지 않고 현실 도피하는 경우를 많이 보게 됩니다. 저 역시도 그렇고요. 예상하지 못했던 일로 채무를 상환하지 못할 것 같다면 이렇게 생각해 보세요.

첫 번째, 수입을 올릴 방법에 대해서 최상의 효과를 낼 수 있도록 집중해 보세요. (불필요한 지출은 최대한 줄인다는 전제로) 나중에 후회하지 않도록 중요한 순서대로 시도해 보세요. 동종 업계 선배, 후배 상관없이 상위권에 있는 분에게 조언을 구해보세요. 그리고 진짜 핵심 업무를 찾아 집중해 보세요. 매일 생각 없이 하고 있는 일 말고 진짜 핵심 업무! 저는 이 부분을 인지만 하고 실천하는 데 꽤 오랜 시간이 걸렸습니다.

무의식적으로 반복해서 하는 일들을 중요 업무라고 생각하는 경우가 많습니다. 여기서 포인트는 반드시 '핵심 업무'여야 합니다. 독서는 고액 강의를 받는 것과 비슷한 효과가 있습니다. 효과적, 효율적으로 일하는 방법에 관해 시중에 도움이 될 만한 책이 많습니다. 개인적으로 팀 페리스의 『나는 4시간만 일한다』, 게리 켈러와 제이 파파산의 『원씽The One Thing』이 많은 도움을 주었습니다. 여러분도 자기에게 도움이 되는 책을 찾으신다면 나만의 것으로 만들 수 있도록 집중해 보세요!

여기서 핵심은 일의 성공 여부와 본인의 자존감을 연결하지 말 것! 당신의 성공과 자존감은 별개입니다. 물론 성공하면 자존감이 높아지겠죠. 하지만 자존감이 높다고 다 성공하는 것은 아닙니다. 그러므로 절대 성패 여부와 내 자존감을 연결하지 마세요.

두 번째, 연체가 확정되면 개인채무조정 제도를 검토해 보세요. 오랜 기간 연체 혹은 격월로 연체 또는 방치하다가 개인채무조정 제도를 이용하는 경우를 보게 됩니다. 상처를 오래 두지 말고 치료할 수 있으면 시작하는 게 좋습니다.

개인채무조정 제도는 상환기간을 늘려주어 월 납부하는 금액을 줄여줄 수 있습니다. 신용점수가 하락이 되었다고 해서 낮은 점수로 평생 남는 게 아닙니다(2~5년 뒤 삭제). 연체 전 채무조정(신속채무조정) 및 이자율 채무조정(프리워크아웃pre-work out) 이용자는 한국신용정보원에 신용 회복 지원 정보가 등록되지 않습니다.

[삭제 효과]
신용회복지원정보의 삭제는 개인신용평가회사의 신용등급 산정 및 금융회사
신용거래에 긍정적인 영향을 미칩니다.
*〈참고〉 신용회복지원제도 관련 주요 공공정보 관리 내용

구분	등록 코드	해제 시점
신용회복위원회 신용회복지원 확정자	1101	• 확정된 신용회복지원 채무를 변제 완료한 때 • 2년 이상 변제한 때
법원 파산면책·결정자	1201	• 면책채권을 변제한 때 • 등록일로부터 5년이 경과한 때
법원 개인회생 변제계획 인가자	1301	• 변제계획에 따른 변제를 완료한 때 • 등록일로부터 5년이 경과한 때

(참조: 신용회복위원회 홈페이지)

한국신용정보원에 신용 회복, 개인회생, 파산면책 등의 정보가 삭제되어도 채무조정 전 A 은행에서 연체됐다면, A 은행에서 거래가 일정 기간 어려울 수 있습니다. 금융사에 정보가 남아 있기 때문입니다. 그러므로 채무조정을 받지 않은 다른 금융사(기존 거래가 없던 은행) 이용을 먼저

시도해 보세요. 신용정보가 삭제되면 정상 금융거래가 가능합니다. 절대 끝이 아닌 다시 시작입니다.

개인채무조정 제도란?

채무조정 제도란 빚이 너무 많아 정상적으로 상환하기 어려운 분들을 대상으로 상환기간 연장, 분할상환, 이자율 조정, 상환유예, 채무감면 등의 방법으로 상환 조건을 변경해 경제적으로 재기할 수 있도록 지원하는 제도입니다. 소득 여부, 재산 상태, 채무 증대 경위, 채무 액수에 따라 본인에게 맞는 제도를 도움받으면 됩니다.

개인채무조정 제도는 신용회복위원회와 법원을 통해 신청할 수 있습니다. 신용회복위원회에서는 연체 전 채무조정, 이자율 채무조정, 채무조정(개인워크아웃)을 신청할 수 있습니다. 그리고 법원에서는 개인회생과 파산면책을 신청할 수 있습니다.

신용회복위원회

신용회복위원회는 신용회복지원협약을 체결한 금융회사의 채무를 조정하는 사적 채무조정 제도입니다. 다음 표를 통해 한눈에 이해할 수 있습니다.

신용회복위원회		
연체 전 채무조정 (신속채무조정)	**이자율 채무조정** (프리워크아웃)	**채무조정** (개인워크아웃)
채무를 정상 이행 중이거나 1개월 미만 단기 연체 중인 채무자에 대한 신속한 채무조정 지원으로 연체 장기화를 방지	1~3개월 미만 단기 연체 채무자에 대한 선제적 채무조정을 통해 연체 장기화를 방지	3개월 이상 장기 연체 채무자에 대한 채무조정 프로그램으로 신용회복과 경제적 회생을 지원

(참조: 신용회복위원회 홈페이지 / 신용회복위원회 콜센터 1600-5500)

개인회생제도

개인회생제도는 재정적 어려움으로 인해 파탄에 직면했으나 장래에 안정적이고 장기적인 수입을 얻을 수 있는 개인 채무자를 구제하기 위한 법적 절차입니다. 개인회생제도는 채무자가 채무를 조정받아 법원이 허가한 변제계획에 따라 3년 이내(단, 특별한 사정이 있으면 5년 이내) 채권자에게 분할변제하고 남은 채무는 면책받을 수 있도록 한 것입니다.

채무자는 채권자 목록과 변제계획안을 법원에 제출해야 하고, 법원이 임명한 회생 위원은 채무자의 재산과 수입을 조사해야 합니다. 법원이 변제계획안을 허가하면 채무자는 변제계획에 따라 변제해야 하고 변제계획을 모두 이행하면 나머지 채무는 면책받을 수 있습니다.*

---

* 신용회복위원회 개인채무조정 (https://ccrs.or.kr)

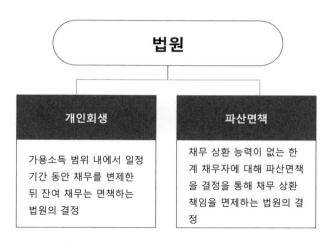

자영업자 · 소상공인 새출발기금

신용회복위원회와 법원 외에도 코로나19로 인해 피해를 본 사업자들의 채무를 조정해 주는 제도도 있습니다. 바로 '소상공인 · 자영업자 새출발기금'* 입니다. 코로나19로 피해를 본 개인사업자 또는 법인 소상공인이 보유한 금융권 대출에 대해 상환기간은 늘려주고 금리 부담은 낮추되 채무 상환이 어려운 차주에게는 원금 조정을 도와주는 프로그램입니다.

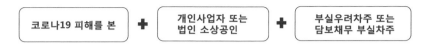

조정 한도는 담보 10억 원, 무담보 5억 원으로 총 15억 원(총채무액 기

---

* 새출발기금.kr/

준)입니다. 그러나 지원이 불가한 대출이 7가지 존재하는데요. 먼저 코로나19 피해 차주 지원 정책의 취지에 맞지 않는 대출일 경우입니다. 여기에는 개인 자산 형성 목적의 주택 구입 대출, 부동산임대 · 매매업 관련 대출, 전세보증 대출, 채권(매출채권, 주식, 예금 등) 담보대출, 차량 등 관련 금융리스, 공장재단채권, 법인대표자의 가계대출 등이 해당합니다.

두 번째는 채무의 특성상 새출발기금을 통해 채무조정이 어려운 대출입니다. 할인어음, 무역금융, SPC대출, 보험약관대출, 기타 처분에 제한이 있는 대출, 법원 회생절차 진행 중인 대출 등이 해당합니다. 세 번째는 개인 간 사적채무, 국세/지방세 등의 체납 세금 등 협약 미가입자의 대출입니다. 네 번째는 6개월 이내 신규 발생 대출로, 부실우려차주는 6개월 이내 신규 대출은 모두 지원이 불가하며, 부실차주는 6개월 이내 신규 발생된 채무액이 총채무액의 30% 미만인 경우만 가능합니다.

다섯 번째는 기타 새출발기금 협약 및 신용회복지원협약상 채무조정이 제한되는 대출이며, 여섯 번째는 채무자가 채무조정 신청을 원하지 않은 대출입니다. 마지막으로 2022년 8월 29일 이후 지역신용보증재단이 중저신용자 특례보증 또는 브릿지보증을 제공하여 취급한 대출은 지원이 불가합니다.

【지원 내용】

※ 연체 90일 이상 무담보대출(신용대출)은 새출발기금㈜ 별도 문의

공통	신청 비용 면제, 연체이자 감면			
거치 기간	최장 1년			
	부동산 담보대출 최장 3년			
거치 이자율	약정금리 적용			
상환기간 상환기간	최장 10년			
	부동산 담보대출 최장 30년			
상환 이자율	무담보대출 보증서대출 담보대출	연체 30일 이하	약정금리 적용(상환이자율 9% 적용)	원리금 균등분할 상환
		연체 89일 이하	상환기간'에 따라 상환이자율 차등화 *3년 이하, 5년 이하, 5년 초과(단, 부동산담보대출은 5년 이하, 10년 이하, 10년 초과)	
	부동산 담보대출	연체 90일 이상	상환기간'에 따라 상환이자율 차등화 *5년 이하, 10년 이하, 10년 초과	
	동산담보대출		상사법정이율'이내(조정안대로 완제 시 이자 전액 감면) *2022년 기준 연 6%	원금 분할상환
유예 기간	최장 3년			
유예 이자율	2%			

(참조: 신용회복위원회 홈페이지)

【지원 대상】

코로나19 피해	다음 중 어느 하나에 해당하는 코로나19 피해자 – 코로나19 피해로 손실보상금 또는 소상공인 재난지원금을 수령한 자 – 코로나19 피해로 사업자 대출의 만기연장 · 상환유예조치'를 받은 자 (*2020년 4월~2022년 8월 29일까지) – 기타 코로나19 피해 사실을 객관적으로 증빙 가능한 자

개인사업자 · 법인 소상공인	**(개인사업자)** 「부가가치세법」 제8조에 따른 개인사업자 (6개월 이상 업력이 있는 2020년 4월 이후 폐업자 포함) **(법인 소상공인)** 「부가가치세법」 제8조에 따라 법인사업자로 등록된 자로서 「소상공인기본법」 제2조에 따른 소상공인에 해당되는 자 ※ 부동산임대 · 매매업, 도박기계 및 사행성 오락기구 제조업, 법무 · 회계 · 세무 등 전문 직종 제외
부실우려차주 / 부실차주	**(부실우려차주)** 금융회사 채무 중 어느 하나라도 연체 일수가 10일 이상 89일 이하이거나, 연체 일수가 10일 미만이면서 다음 어느 하나에 해당하는 자 – 2020년 4월 이후 폐업(개인사업자만) 혹은 6개월 이상 휴업 중인 자(폐업 신고 및 휴업신고 필요) – 국세, 지방세 체납으로 공공기록정보가 등제된 자 – 코로나19로 인해 2022년 8월 29일 이전 사업자 대출의 만기연장 · 상환유예를 이용하였으나 추가 만기연장이 거절된 자 **(부실차주)** 금융회사 담보채무의 연체 일수가 90일 이상인 자

(참조: 신용회복위원회 홈페이지)

극강의 대출을 활용하려는
당신에게 전하는 주의 사항

"자기가 하는 일을 잘 알면 도박이 아니다. 무작정 돈을 붓고 기도를 올린다면 그게 바로 도박이다."

로버트 기요사키, 『부자 아빠 가난한 아빠』*

지금까지 레버리지 활용의 좋은 점만 나열했으니, 이제 단점도 이야기해 보려 합니다. 레버리지 활용은 수익을 극대화하고 우리에게 자금을 모으는 시간을 단축해 주는 대신, 타인의 자본이 들어가므로 사업과 투자에 실패하면 큰 충격이 올 수 있습니다. 그래서 더더욱 관리를 잘해야 합니다.

리스크는 피하는 게 아니라 관리해야 하는 것입니다. 사업을 하면서 또는 투자를 진행하면서 중간에 예상하지 못한 일은 항상 발생합니다. 당연한 일입니다. 변수가 생기지 않는다고 생각하는 게 비정상이죠. 변

---

* 로버트 기요사키 저, 안진환 역, 민음인, 2022

수가 생기는 것은 정상입니다.

언제, 어디서든 이슈는 늘 생길 수 있으며 '관점 전환'을 통해 우리는 더 크게 성장할 수 있다고 믿습니다. 여기서 말하는 이슈는 외부에서 볼 때 문제점이라고 인식할 수 있습니다. 하지만 우리는 그것을 통해 배우고 느끼며 계획을 수정해 나갈 테니 문제가 아닙니다. 리스크를 관리하기 위해서 몇 가지 팁을 알려드릴게요.

대출을 활용할 때 상환기간을 최대한 길게 나누기

주택 매수를 위해 3억 원의 주택담보대출을 받았다고 가정해 볼까요. 대출이 이자를 갚기 위해 나를 강제로 일하게 한다는 느낌이 들면, 그 부채를 빨리 상환하고 싶은 마음에 10년, 15년, 20년 짧게 상환기간을 설정해 놓는 경우가 있습니다. 인생이 빚만 갚다가 끝나는 게 싫기 때문이죠. 그 마음은 충분히 이해합니다. 하지만 상환기간을 최대한 길게 나누어 놓으면 좋은 점이 있습니다.

① 상환금액이 적어 그 자금으로 본인에게 투자 또는 마음의 여유가 생겨 중요한 일에 집중할 수 있습니다. 마음의 여유가 없으면 잘못된 판단을 할 확률이 높아집니다.

② 지금의 대출금 3억 원 가치와 30~40년 뒤 3억 원의 가치는 극명히 다릅니다. 화폐가치 하락을 이용하세요. 인플레이션이 당신의 빚을 삭감해 줍니다. 주의해야 할 것은 소비를 위한 대출이었다면 이른 시일 내에 상환하는 게 유리합니다. 특별한 계획 없이 상환기간을 길게 하여 남

는 돈으로 소비에 쓰지 않도록 해야 합니다.

명의를 분산하여 활용하라

초등학생 딸인 지수에게 가끔 하는 말이 있습니다. 아이들은 장난감을 만들거나 그림 그리기 놀이를 할 때 원하는 결과가 나오지 않으면 짜증 섞인 화를 낼 때가 있죠. 그때 저는 딸에게 이렇게 이야기합니다.

"지수야! 화낼 필요 없어. 안 되면 다른 방법으로 다시 해보는 거야. 왜 원하는 대로 되지 않았는지 이유를 생각해 보고 다시 해보는 게 더 재미있는 일이야!"

평소대로 화를 내는 대신 방법에 대해 다시 생각해 보고, 그 생각대로 시도해 보도록 하는 것입니다. 그래서 어떤 날 기분이 더 유쾌한지 생각해 보고 그대로 행동해 보라고 합니다. 그 일이 내키지 않으면 다른 일을 해도 된다는 걸 알려주는 거죠. 그렇게 해서 딸이 다양한 경험을 하며 스스로 느끼는 날이 올 거라고 믿습니다.

저도 어릴 때는 딸과 비슷했습니다. 능력은 없는데 완벽주의 성향이 있어서 완벽히 그 일을 하지 못할 것 같으면 시작하지 않으려 했어요. 무의식적으로 나 자신에게 실망하는 것을 피하고 싶기도 했습니다. 실패하는 모습을 보는 것은 쉽지 않은 일이니까요. 그래서 일할 땐 중요하지 않은 일에 집착하기도 했습니다. 비효율적이란 생각은 있지만 그 일을 완벽히 끝내고 싶은 마음에 지속할 때가 많았습니다.

제가 딸에게 두 가지 방향을 제시했던 것처럼, 사업과 투자를 진행하는 동안 위기가 오면 다른 방법으로 다시 시도해 보고 싶다면 명의를 분산해 관리하세요. 반드시 찾아오는 위기를 고수하던 방법이 아닌 다른 방법으로 해결하는 과정은 재미있는 일입니다.

저는 위기보다 이슈라는 표현이 더 맞는다고 봐요. 안 좋은 일이라고 생각했던 것들은 시간이 지나면 오히려 기회와 변화로 나에게 득이 될 때가 있습니다. 좋은 일, 나쁜 일로 규정짓는 것보다는 이슈라는 관점에서 해결해 나가는 과정에 재미를 붙여보세요.

본인 명의로 사업을 진행하거나 투자했는데 실패했다면 복기하며 배우고 다시 시작하게 될 텐데요. 신용점수가 회복되지 않아 장애가 생기는 경우가 있습니다. 그러면 배우자 또는 가족 명의를 이용하는 것도 방법입니다. 예상치 못한 일로 연체가 들어갈 것 같다면 연체되지 않을 (정상 거래 가능한) 명의는 남겨 놓으세요. 명의 하나만 하락하게 관리하세요.

항상 통장에 예비비를 갖고 있어라

예비비, 즉 여유자금을 미리 만들어 놓으라는 것은 이미 어디서든 다 들어봤을 이야기입니다. 레버리지를 사용하다 보면 수익이 높아져 여유자금도 투입되는 경우가 간혹 있습니다. 돈을 더 벌고 싶은 마음이니 충분히 이해합니다. 그러나 예기치 못한 위기(변화)가 닥쳤을 때 결과적으로는 좋지 않은 결과를 만들 수 있습니다. 마음이 불안하면 현명한 선택을 할 확률은 현저히 낮아집니다.

주식, 부동산, 사업 등 모든 경제 활동에서 이슈가 발생했을 때 차분한 마음으로 대처할 수 있도록 준비하세요. 6개월~1년 정도는 이슈에 유연하게 대처할 수 있도록 하는 게 현명한 것입니다. 그래야 장기적으로 방향성을 잃지 않습니다.

소득이 오르더라도 생활비를 늘리지 마라

투자한 물건이 좋은 결과로 돌아오거나 사업이 상승세에 들면 생활비를 늘리는 경우가 많습니다. 그동안 수고한 자기에게 보상을 주는 건 좋다고 생각합니다. 하지만 그 보상이 과하지 않아야 장기적으로 도움이 됩니다.

부동산 상승기 때 보유한 물건이 갑자기 급등해 고급차로 바꾸거나 조금 과한 소비를 하는 예를 많이 보게 됩니다. (물론 여유가 돼서 사용하는 것은 제외입니다.) 한번 늘린 생활비는 다시 줄이기 쉽지 않습니다. 이자 수익, 비활동 수익 등으로 생활비를 넘어서는 날까지는 지금의 상태를 유지하길 강력히 추천합니다.

사업이 안정화되면 '꼭' 대출 비율을 줄여라

레버리지를 활용하여 한 단계 점프했다면 높은 대출 비율을 유지하지 말고 대출 비율을 낮추세요. 수익에만 집중하다 보면 중요한 사항을 못 볼 수 있습니다. 나중에 필요하면 충분히 다시 활용할 수 있습니다. 리스크 관리 측면에서 과감히 수익을 조금 줄이고 조율할 줄 알아야 합니다.

지출 통장을 한눈에 보기 쉽도록 관리하자

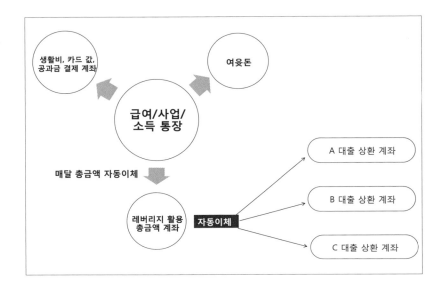

대출을 1~2건 사용하는 경우는 괜찮지만, 더 많은 경우에는 대출 총 금액이 얼마 인지, 결제일이 언제인지 깜박하는 경우가 있습니다. 대출을 상환하려고 하는데 어떤 대출을 먼저 상환해야 하는지 모르는 경우도 생기고요. 자칫 깜박하여 연체가 생기는 일도 있습니다. 엑셀 혹은 구글 스프레드 파일로 자금 목적, 대출일, 대출금액, 담보 여부, 담보물주소, 차주, 대출 은행, 상환 방식, 금리, 변동/고정, 변동 주기, 약정 기간, 만기일, 중도상환수수료, 결제일 등 정리해 놓으면 유용합니다. 또 어느 부분에 대한 대출이 많이 나가는지, 생활비, 교육비, 품위유지비 등에 얼마를 쓰고 있는지 한 번에 확인할 수 있어 객관적으로 볼 수 있어 좋습니다. 또한 포트폴리오를 조정할 때도 쉽습니다.

명목	대출일	완납일	대출금액	신/담	...	월납부금	메모	백분율
상가 매수	18.12.6	–	8천 400만 원	담보		₩300,300		4%
상가 매수	21.10.20	–	2억 1,000만 원	담보		₩875,000		11%
호텔 건축자금	22.7.6	–	9억 원	담보		₩3,225,000		42%
지식산업센터 매수	21.8.30	–	3억 원	담보		₩775,000		10%
지식산업센터 매수	22.9.26	–	1억 원	.		₩283,333		4%
자금 운영	21.12.31	–	2,000만 원	지인		₩100,000		1%
호텔 매수자금	20.2.24	–	5,000만 원	신용		₩166,667		2%
자금 운영	21.3.19	–	8,000만 원	지인		₩333,333		4%
토지 매수	22.10.25	–	3억 6,700만 원	담보		₩1,654,558		21%
			₩2,111,000,000			₩7,713,192		100%

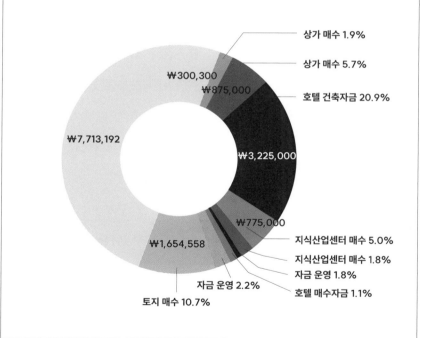

대출금액에 대한 월 납부금의 값

상가 매수 1.9%
상가 매수 5.7%
호텔 건축자금 20.9%
₩300,300
₩875,000
₩7,713,192
₩3,225,000
₩775,000
지식산업센터 매수 5.0%
지식산업센터 매수 1.8%
자금 운영 1.8%
호텔 매수자금 1.1%
₩1,654,558
자금 운영 2.2%
토지 매수 10.7%

[대출리스트 템플릿 예시]

기억하자 80

레버리지를 쉽게 활용할 수 있는 상품은 주택입니다. 저는 그중에서도 아파트라고 생각하는데요. 신용대출의 경우 직장인은 연봉이 높으면 유리하지만, 소득에 따라 대출금액을 활용할 수 있는 차이가 큽니다. 자영업자는 매출이 높더라도 소득금액증명원이 적으면 받을 수 있는 신용대출금액이 적은 경우가 많습니다. 주부, 취업(사업) 준비 중이라면 금리가 낮은 상품을 받기 쉽지 않고요. 사업 초기 대출로 시작하는 것보다는 정부에서 지원받을 수 있는 상품에 문을 두드리세요!*

하지만 주택담보대출은 활용은 비교적 쉬운 편입니다. 특히 아파트가 활용하기 편한데 그 이유는 취급하는 금융사가 많기 때문입니다. 쉽게 말하면 돈을 빌려주려는 금융사가 많습니다. 채권자 입장에서는 돈을 빌려주고 못 받는 경우가 최악의 상황입니다.

* '정부 정책자금 찾는 방법' 챕터 활용하기

담보대출은 채무자가 돈을 갚지 못하면 경매 절차를 통해 자금을 회수합니다. 낙찰가율을 확인하면 예측이 되기 때문에 주택담보대출은 채권자 입장에서는 안전한 편에 속합니다. 그러나 신용대출은 담보대출에 비해 채권 확보가 쉽지 않아 보수적으로 보는 게 당연합니다.

주택담보대출 받는 순서

☞ 주택매매 잔금대출 (LTV 50~70%)
☞ 생활안정자금 (LTV 50~70%)
☞ 사업자금 담보대출 (LTV~80%)
☞ 사업자금 담보대출 (LTV~95%)

*담보 물건 가치, 사업자 업종/매출에 따라 한도 차이가 있을 수 있습니다.
*정책자금을 이용할 수 있으면 우선 적극적으로 활용하는 게 유리(정책자금 관련 내용 참고)

신용대출의 경우 한도 금액 자체가 높지 않아 넉넉한 자금이 필요할 때는 제약이 있습니다. 반면 아파트 담보대출의 경우 LTV 80% 한도 내에서는 상대적으로 금리도 비교적 저렴하고 신용대출보다는 한도가 높은 편입니다. (사업자 아파트 담보대출) 한도, 금리를 모두 챙길 수 있는 채무자에게 유리합니다. 상가, 토지, 신축, 지식산업센터 등 매입 시 해당 물건으로 담보대출을 받습니다. 만약에 자금이 부족하거나 자금 조달 시기가 맞지 않다면 보유한 물건 아파트로 비교적 쉽게 활용할 수 있습니다.

지금 당장 활용하지 않더라도 기억하세요. 주택담보대출은 80%까지 비교적 낮은 금리로 조달이 가능하다는 사실을요. 주택 가격은 우상향하기 때문에 활용할 기회는 꼭 찾아오게 되어 있습니다. 지금의 못난이가 나중에 성장하여 멋지게 돌아올 수 있습니다.

서울 강동구에 신축하려고 건축자금 대출을 진행하던 때가 있었습니다. 토지+건축자금 대출은 신협에서 진행 중이었습니다. 계획보다 자금이 추가로 더 필요하게 되어서 난감했었습니다. 자금 때문에 공사를 멈출 수도 없는 상황이었고 신용대출은 이미 받은 상태였습니다. 건축자금 대출을 한도가 더 나오는 은행으로 대환하게 되면 중도상환수수료를 내야 하니 답답한 상황이죠. 그야말로 '돈맥경화(돈+동맥경화)'인 거죠.

거주 중인 아파트는 1금융권 주거래 은행에서 추가 대출이 어렵다고 하여 생각을 안 하고 있었습니다. 거주 주택이 시세가 오른 걸 확인하고 마이너스 통장 방식으로 단위농협에서 추가 대출을 받아 돈맥경화를 해결했습니다(LTV 80, 4.1%).

(주택금융공사, 소상공인진흥공단 등) 정책자금 지원해 주는 상품 이용 중에도, 주택을 매매하면서 받은 주택매매 잔금대출 이용 중에도, 신용대출 이용 중에도 부동산 매입을(주택은 지역에 따라 제한이 있을 수 있음) 하려는데 매매잔금대출 외 추가로 필요할 때 기존 보유 아파트가 있다면 LTV 80% 이내로는 통상 금리, 한도를 만족시킬 수 있는 상품을 찾을 수 있습니다(단, 주택 위치와 최근 낙찰가율에 따라 편차가 있을 수 있습니다).

향후 최종 병기로 사용할 수 있는 것이죠. 일시적으로 자금이 필요해

LTV를 높게 쓰고 자금의 사용 목적이 달성되면 레버리지 비율을 낮게 하여 안전하게 유지하길 추천합니다.

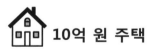 **10억 원 주택**

LTV 50% 5억 원

(후순위) LTV 80% 추가 1억 4,500만 원
(선순위 채권최고액 120% 설정, 방1공제 차감기준,
선순위 진행 시 7억 4,500만 원~8억 원)

(후순위) LTV 90% 추가 2억 4,500만 원
(선순위 채권최고액 120% 설정, 방1공제 차감기준,
선순위 진행 시 8억 4,500만 원~9억 원)

리스크 관리 중요, LTV 높낮이 조정 필요

야너두(Yes, We can!)

자기 계발에 관심이 있는 분들이라면 미라클 모닝 효과에 대해 한 번쯤은 들어 보셨을 겁니다. 미라클 모닝의 포인트는 새벽 기상 후 일정을 빨리 시작하는 게 아닙니다. 새벽 기상이 유쾌하지 않으면 미라클 모닝에 반감이 있을 수 있습니다. 핵심은 외부에 방해받지 않고 자신만의 루틴을 위해 시간을 확보하는 것입니다. 본인 상황에 맞게 유동적으로 사용하면 되는 거죠.

그처럼 대출(레버리지)의 활용 포인트 역시 이자의 높음, 낮음 또는 한도의 낮음과 높음을 판단하는 게 아닙니다. 핵심은 돈을 모아 실행하는 단계를 앞당기는 데 목적이 있습니다. 본질을 못 보고 절차와 외부에 현혹되다 보면 핵심을 놓치는 경우가 있습니다. 저 역시도 놓칠 때가 솔직히 많고요. 중요한 건 실행하며 수정해 나가고 있습니다.

지금은 환경이 바뀌어 방문 영업을 하지는 않지만 방문 영업을 하던 시절에는 다양한 사람들을 만났습니다. 운 좋게 배울 점이 있는 사람들이 많았죠. 사업이든 투자든 성공을 한 사람들에게는 공통점이 있었습니다. 바로 '실행과 수정'이었습니다.

일을 시작해 단번에 성공하고 자산이 순식간에 늘어나는 경우는 극히 제한적입니다. 확실한 건 실행과 그 과정을 통해 배운 점들을 수정해 나간다면 반드시 경제적 자유 또는 본인 목표에 도달할 거라고 믿습니다.

부끄러운 얘기지만 결혼할 때 모아둔 돈 2,500만 원에 전세자금 대출 3,000만 원을 받아 총 5,500만 원으로 전셋집에서 시작했습니다. 올해가 결혼 10년 차로 눈부신 성과를 보이진 않았지만 순자산이 몇 배 이상은 늘어났습니다. 중요한 건 앞으로가 더 기대된다는 것입니다. 계속 실행하며 수정해 나가기 때문이죠.

레버리지 활용은 돈에만 해당하는 건 아닙니다. 정보의 비대칭으로 인해 금리를 낮게 사용할 수 있는데 높은 금리를 사용하는 경우, 대출에 대한 두려움으로 진행하지 못하는 경우, 한도를 더 활용할 수 있는데 못하고 계신 분들에게 조금이나 도움이 되셨으면 하는 바람입니다. 어디에서 무엇을 하든 실행과 수정을 해나가며 한 걸음씩 경제적 자유 또는 본인 목표로 전진하기를 진심으로 응원하겠습니다.

시간을 버는 대출 기술
런업

초판 1쇄 발행   2024년 7월 30일

지은이   남상수
발행인   곽철식
펴낸곳   ㈜ 다온북스

마케팅   박미애
편 집   김나연
디자인   박영정
인쇄와 제본   영신사

출판등록   2011년 8월 18일 제311-2011-44호
주소   서울시 마포구 토정로 222, 한국출판콘텐츠센터 313호
전화   02-332-4972   팩스   02-332-4872
전자우편   daonb@naver.com

ISBN   979-11-93035-50-4   03320